일왕을 겨눈 독립투사
이봉창

일왕을 겨눈 독립투사 이봉창

| 김도형 지음 |

머리말

김구의 『백범일지』를 읽을 때 가장 가슴을 찡하게 하는 대목은 이봉창·
윤봉길의사에 대한 기술이다. 『백범일지』에 이봉창·윤봉길의사가 등장
하는 부분에서 눈물짓지 않는 독자들은 없을 것이다. 두 의사의 독립투
쟁 과정을 읽으면서 나도 모르게 눈시울이 붉어진 경험은 아직도 잊혀
지지 않는다. 특히, '일본영감'이라는 별명이 붙은 이봉창이 김구와 만나
고 이별하는 순간은 마치 영화의 한 장면처럼 떠오른다.

천하의 조화를 만들려면 구름과 비가 만나듯이 김구와 이봉창은 '동
경의거'라는 역사사건을 만들기 위해 운명적으로 만난 것이다. 김구는
이봉창을 처음 보는 순간 비범한 인물임을 알아보았고, 이봉창 또한 그
의 뜻을 실현시켜 줄 수 있는 "관대한 도량과 엄정한 공심公心"을 가진
인물이라며 김구에 대해 탄복하였다.

김구는 조국의 광복이 이봉창·윤봉길과 같은 분들의 숭고한 희생과
피의 대가임을 여러 번 강조하였다. 이봉창은 매우 독특한 이력을 가
진 독립운동가였다. 그는 처음부터 독립운동과는 거리가 멀었고, 민족
의 독립보다는 오히려 일제의 식민통치에 적극 협조할 수 있는 그런 사
람이었다. 민족을 언급하기보다는 자신의 안위와 영달을 위하는 것이

더 잘 어울린다고 생각했을 지도 모르겠다. 그렇기 때문에 이봉창의 행적을 되새겨 보면 왠지 말할 수 없는 애절함과 한없는 동정을 느끼게 된다.

필자는 독립운동사 가운데 '의열투쟁'을 한 인물들과 기묘한 인연이 있었다. 1999년 임시정부 수립 80주년 기념으로 논문집을 발간할 당시 나에게 주어진 과제가 '임시정부의 의열투쟁'이었다. 그후로도 운명과 같이 의열투쟁을 전개한 인물에 대해 연구하고 발표할 기회가 주어졌다. 이봉창에 대한 연구도 그런 가운데 하나로 이루어졌다. 2006년 이봉창의사기념사업회에서 '이봉창의사의 의거에 대한 국내 신문보도'에 대해 발표해 달라고 하여 본격적으로 연구를 진행하게 되었다.

2012년은 이봉창·윤봉길의사 의거 80주년이 되는 해이다. 뜻깊은 해를 맞이하여 두 의사의 열전을 발간해야만 한다는 데에 의견이 모아지고, 필자가 이봉창의사 열전 집필을 담당하게 되었다.

이봉창에 대해서는 지금까지 적지 않은 연구가 진행되어 왔으므로 대체적인 역사적 사실은 충분히 밝혀졌고, 평전 혹은 전기도 출판되었기에 새롭게 밝힐 부분은 많지 않으리라 생각되었다. 하지만 막상 집필을 시작할 때 어디서부터 무엇을 써야 할 것인가 크게 고민되었다. 자료를 검토하면서 그 고민은 더욱 깊어만 갔다. 이봉창에 대한 기초적인 사실이 많은 것도 아니고 자료를 치밀하게 분석할 정도로 내용상 특별한 문제점도 발견되지 않았기 때문이다. 이 사실을 염두에 두고 이 열전을 쓰면서 두 가지 점에 유의하였다.

첫 번째로는 이봉창이 일으킨 '동경의거'의 국내·외적 반향이라는 점에 주목하였다. '동경의거'는 일회성으로 그치는 거사가 아니었다. 그 후 일제를 향한 본격적인 투쟁의 출발점이었던 것이다. 그로 인해 '상해사변'이라는 국제적인 사건이 일어났으며, 윤봉길의 '홍구공원의거'가 일어나게 되었다.

두 번째로는 이봉창의 인간적인 측면을 그대로 드러내고자 하였다. 이봉창에 관한 자료를 읽다 보면 인간적인 풍모가 물씬 풍긴다. 담백하고 솔직한 성격과 훈훈한 인간미가 그대로 드러난다. 이봉창은 사지로 떠나면서 김구에게 "저는 영원한 쾌락을 향유코자 이 길을 떠나는 터이니, 우리 두 사람이 기쁜 얼굴로 사진을 찍으십시다"고 상대방을 배려하고 위로할 정도의 여유가 있었다. '동경의거'라는 커다란 업적을 남긴 위인이기도 하지만, 자신보다도 남을 배려하고 동정할 줄 아는 인간적인 매력이 있는 인물이었다. 김구의 말처럼, 이봉창의 성격은 봄바람 같이 따뜻하지만 그 기개는 불꽃 같이 강하고, 대인관계는 인자하고 호쾌하지만 화를 내면 비수로 사람을 찌르는 것 같았다.

이봉창은 의거 당시 서른이 넘은 나이였지만 혼인을 하지 않았기 때문에 혈손도 없다. 필자는 그의 일생과 독립운동, 그의 정신을 그대로 복원하여 잘 발양해야만 한다는 무거운 책임감을 느낀다. 다만 필자의 부족한 능력으로 인해 그 실상을 제대로 밝히지 못한 송구한 느낌도 든다.

　이 책이 이봉창의사의 위업에 조금이라도 누가 되지 않기를 바란다. 또한 이 책을 통해 우리 독립운동사, 특히 의열투쟁사가 역사적으로 재조명 받을 수 있기를 바란다.

2011년 11월
아산 우거에서
김 도 형

차례

9

01 김구, '동경의거'의 진실을 밝히다

'동경의거'의 진상이 알려지다

일본의 수도 도쿄 경시청 앞에서 일왕을 척살하려는 거사를 일으킨 이봉창은 일제에 의해 사형을 선고받았다. 김구는 이봉창이 사형을 선고받기 전날인 1932년 9월 29일 밤, 윤봉길의 홍구공원의거로 일경에 쫓기면서도 이제 다시는 이봉창을 볼 수 없게 된 애절한 심정을 담아 「동경작안東京炸案의 진상眞狀」이라는 글을 썼다.

> 듣건대 적敵은 본월(9월) 말에 이의사에게 사형을 선고하리라 한다. 이 영광의 죽음! 억만인이 흠앙欽仰치 아니할 리 없을 것이다. 그가 비록 단두대상의 한 점 이슬이 될지라도 그의 위대한 정신은 일월日月로 더불어 천추千秋에 뚜렷이 살아있을 것이니, 우리는 도리어 우준愚蠢한 적을 일소一笑할 것뿐이다. 그러나 우리 한인은 그의 육신이 이 세상을 떠남을 기념하기 위하여 적이 그에게 형刑을 집행하는 날에 전체가 일돈一頓의 반飯을

절絶하기로 결정하였다. 만천하 혁명동지여! 그날
에 우리와 희비喜悲를 함께 하자!

1932년 9월 29일 야반

김구

김구는 이봉창의 행적과 그가 결행한 일왕 저
격 의거의 경과와 사실을 국한문 혼용으로 작성하
고, 측근인 엄항섭嚴恒燮에게 보내 중국어로 번역시
킨 뒤, 10월 9일 중국전신사中國電信社에 보내 보도
를 요청하였던 것이다. 중국전신사에서는 이를 다
시 등사하여 10월 13일 각 신문사에 배포하였고,
15일자로 상해의 『신강일보申江日報』와 남경의 『중
앙일보中央日報』에 게재되면서 '동경의거'의 진상이
세상에 알려졌다.

특히 『신강일보』는 김구의 글을 중국어로 다
시 번역하여 1932년 10월 15일자 신문에 「한열사
이봉창취의시말韓烈士李奉昌就義始末」이라는 제목으로
보도하였다. 1932년 1월 8일 이봉창의거 직후 중

엄항섭

국 신문들은 그의 거사를 보도함으로써 일본인들
에 의해 신문사가 파괴되고 심지어 폐간까지 당하는 곤욕을 치루었다.
그럼에도 불구하고 『신강일보』와 『중앙일보』가 다시 이봉창의거를 상
세히 적은 「동경작안의 진상」을 게재하였다는 것은 매우 역사적인 의미
가 있다고 할 수 있다.

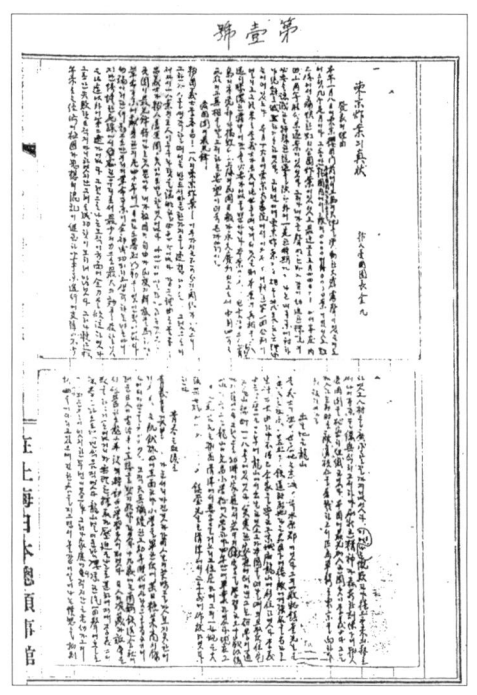

「동경작안의 진상」

김구의 「동경작안의 진상」이 중국 신문에 보도되기 전까지 이봉창의거는 일제가 공식적으로 발표한 것 외에는 자세히 알려진 바가 없었다. 왜냐하면 '동경의거'는 일제의 상징인 일왕의 생명이 걸려 있기 때문에 일반 범죄사건과는 완전히 차원이 다른 이른바 '대역죄大逆罪'로 특별히 취급되었기 때문이다. 일제가 '대역죄'라는 올가미를 씌워 이봉창에게 사형을 선고하기 전날인 1932년 9월 29일 밤에 작성된 이 글은 10월 15일 세상에 알려지면서 그동안 일제가 왜곡해 온 이봉창과 '동경의거'에 대한 사실의 전모가 낱낱이 밝혀지게 된 것이다.

「동경작안의 진상」은 김구가 이봉창을 처음 만난 1931년 1월부터 사형을 당한 1932년 10월 10일까지 약 20개월 간의 기록이며, 그에 대한 최초의 '평전'이라고 할 수 있다. '동경의거'를 기획하고 실행한 두 사람은 심지가 서로 통하여 늦게 만난 것을 탄식하였고, 일왕을 처단할 계획을 함께 세움으로써 동지적 관계로 발전하였다. 이봉창은 일제에 붙들

海事을마지 나히만이 들고 하엿반 萬里重域을 隔하야 時時로 說與할수업음으로 其間에닛처젹 歷을 畧述하야뻐써 同志의게 寄與하며 將來를 알고 時時로 設與할수업음으로 其間에…… 하야 쯘次로 생각하는니라 度에 …… 此바에넘어…… 할뿐이며 恨하는者라 …… 맛업섯하닷 …… 說與하얏으면 …… 時事가 잇서 願치아니하다 五十三歲에넘어 …… 一次 說與하얏으면…… 라 하건대 時代가 어려운이라 …… 의衰退할반받어 라 …… 官 戰布告를 下하고 死線에 나 …… 함이 恭進할사오니 나 …… 으로 반는바 …… 年久한事實일음으로 …… 大韓民國…… 이라 하노니 實로 지금바란다

白凡逸志上卷
(一)祖先과家族

祖先은安東金姓이니 金自點氏의傍系라 當時自點氏及逆罪로全家族이滅코을當한時에 우리祖先은 身家를 보전키爲하야 …… 海邊으로 避居하얏으니 …… 海州月印山下…… 其地는近畿地帶임으로 漸次海州邑에서西距八十里白雲坊 …… 祖先…… 坡浦里(파浦里)月印山景을愛點하야 名白雲坊이라하고 文化生活로 兩班의生活을하얏으니 其中山下…… 家…… 金盛時代에 常苦이라도 永遠한版圖 …… 版圖…… 잇는지라 …… 祖先…… 時代의祖父母의 墳墓 …… 時 代…… 兩班을 通하야 兩班(文武)兩人 …… 其地에 …… 本朝時代軍制 …… 이라 …… 最初에 高陽郡으로土命하엿다가 …… 士族을 이루고 階級이 同等하야 우리祖先…… 常苦이라도…… 兩班 비슴새가 …… 族譜를 作 …… 敢權…… 族屬이 隱謀하야 兩班 …… 하야 …… 우리 祖 先 은 …… 金自點 …… 其時政府에서 設屯田地耕食者가 兵役에 應하는 規例라 우리祖上의 議屯地(基洞地)리곳에 …… 民間에서 謂軍役이 …… 林野를 開拓하야 …… 國家에有事時에 …… 生…… 原因이有 …… 하야 …… 名目을가진 …… 屯田地가 有 …… 하야 …… 貪 戸 新 食하기爲하야 우리祖上의 議屯地(基洞地)리곳에 …… 謂軍役이 …… 林野를 開拓하야 …… 하야 …… 國家에有事時에 …… 하야

「백범일지」

려 철저한 신문을 받는 과정에서도 '김구'에 대해 일체 발설하지 않았다. 사건 직후 일제는 배후에 임시정부가 있다는 것을 지목하고 검사들을 상해로 파견하여 조사를 벌였고 김구의 행방을 자세히 탐문하였다. 그러나 이봉창은 일제 판사로부터 예심조사를 받을 때 김구의 사진을 보여주며 다그쳤을 때도 '백정선白貞善'이라고만 대답하였다. 이봉창은 가공의 인물인 '백정선'이 배후임을 주장하면서 '김구'는 끌어들이지 않았던 것이다.

김구는 '동경의거'를 결행하기 전에 이봉창에게 자필 이력서를 달라고 했다. 이봉창은 예심심문조서에 다음과 같이 말했다.

"어차피 희생될 것이므로 나의 이력을 영구히 남겨놓기 위해 이력서를 써 달라고 말했습니다. 이에 따라 나는 백정선이 사온 편전지에 나의 이력을 써 그 사람에게 넘겼습니다."

이처럼 이봉창은 자신이 직접 작성한 이력서를 김구에게 건네주었다. 이봉창에게서 받은 이력서를 기초로 그의 출생에서부터 경력을 정리한 것이 「동경작안의 진상」이다. 김구가 작성한 이 글은 이봉창이 작성한 자신의 이력을 근거로 하고 있기 때문에 그에 대한 가장 정확한 기록이라고 할 수 있다.

'동경의거'에 관한 기록

1932년 1월 8일 11시 30분 도쿄東京 경시청 앞에서 이봉창이 폭탄을 던져 일왕 히로히토裕仁를 척살하려는 의거를 일으켰다. 일왕에게 투척한 폭탄은 수행하던 궁내대신의 마차를 약간 부수었을 뿐 안타깝게도 그를 암살하는 데 실패하고 말았다. 일제는 자신들의 심장부라고 할 수 있는 도쿄 한 가운데에서, 게다가 경시청 앞에서 일제의 상징인 히로히토를 제거하려는 거사가 일어났다는 점에서 큰 충격을 받았다.

이 엄청난 의거를 단행한 인물은 그전까지 독립운동과는 전혀 관련이 없었던 '이봉창'이라는 청년이었다. 그는 '동경의거'를 일으키기 전까지 별다른 사상이나 행적을 가지지 않은 평범한 인물이었고, 오히려 '일본인'으로 보일 정도로 일본말에 능숙할 뿐만 아니라 행동도 마치 일본인과 같았다. 그런 그가 전 세계를 놀라게 한 거사를 실행하여 일제로부터 사형을 선고받고 그 해 10월 10일 순국하게 되었다.

이봉창의 '동경의거' 뒤에는 대한민국임시정부가 있었고, 나아가 임시정부 국무회의에서 의결된 특무조직인 '한인애국단'이라는 조직이 있었다. 한인애국단은 임시정부의 직속기관으로 단장인 백범 김구의 전담하에 의열투쟁을 수행하였던 조직이다. 이봉창은 한인애국단의 제1호 단원으로 '동경의거'는 개인적 차원에서의 거사가 아니라 국가기관의 명령에 의한 것이었다. 국가의 공식적인 명령에 따른 것이라고 하여도 이같이 의거가 추진되기까지는 한인애국단의 단장이었던 김구의 숨은 노력이 있었고, 그 과정에는 김구와 이봉창과의 인간적 관계가 깊숙이 내재되어 있었다. '동경의거'로 말미암아 거사를 일으킨 주역은 필연적으로 희생당할 수밖에 없는 입장이었고, 김구는 이봉창이 일제로부터 사형을 받을 것이 명백할 것이라고 믿었다. 그래서 이봉창에 대한 행적을 김구 자신만이 알 것이 아니라 세상에 밝혀야만 한다고 생각하고 글로 정리한 것이 「동경작안의 진상」이었다.

「동경작안의 진상」은 '동경의거'의 경위와 의의, 이봉창의 출생 성장과 경력, 의거 결행까지의 과정, 의거와 일제의 심문 등 전 과정을 담담하게 적은 것이다. 12개의 소제목과 7,000여 자로 된 김구의 글은 '동경의거'의 경위와 역사적 의미 등이 가장 명료하게 상술되어 있다. 김구는 이 글의 제1장이라고 할 수 있는 「발표의 이유」에서 '동경의거'에 대해 '절박한 경우와 특수한 경우'를 제외하고는 일정 시기까지 절대로 침묵하기로 하였다.

그런데 왜 그가 「동경작안의 진상」이라는 글을 발표하게 되었는가? 그 이유는 첫째로, 이봉창에 대한 1932년 9월 16일 일제의 대심원에서 제1회 공판이 열리고 재판 결과 그에게 사형이 내려지게 되면 의거의 진상이 영원히 알려지지 않을 수 있기 때문이었다. 둘째로는 일제에 의해 중국 청도靑島에 있는 국민당 시당부市黨部가 파괴되고 상해의 『민국일보』가 영구 폐간됨으로써 중국 4억 민중이 그 진상을 알고자 하는 요망이 있었기 때문이라고 밝혔다.

하지만 김구가 「동경작안의 진상」을 쓴 진정한 의도는 이봉창에게 사형이 집행되기 전에 '동경의거'의 역사적 의미를 되새기기 위해서였다. 김구는 글의 마지막에 이봉창에게 형이 집행되는 날 그의 육신이 세상을 떠남을 애도하고 그의 위업을 기리기 위해 한국인 모두에게 한 끼의 식사를 굶자고 제의하였다.

한편 「동경작안의 진상」의 이봉창과 관련된 여러 일화를 보면, 김구와 이봉창의 신뢰가 얼마가 굳건하였는지 알 수 있다. 이봉창은 김구가 누더기 옷을 입고 생활하는 것과 상해 교민단원들이 끼니를 거를 정도로 임시정부의 사정이 매우 궁핍하였다는 것을 잘 알고 있었다. 그런데 김구가 찢어진 호주머니에서 거사를 위해 쓰라고 엄청난 자금을 꺼내 주었던 것이다. 이를 본 이봉창은 눈물을 흘렸다. 당시 김구는 프랑스조계를 한 발짝도 벗어날 수 없는 처지에 있

중국어로 번역되어 신문에 실린 「동경작안의 진상」(『중앙일보』 1932년 10월 15일)

었으므로, 만약 이봉창이 자금을 가지고 도망가도 어쩔 수가 없는 일이었다. 이봉창은 백범에게 진심을 담아 말했다.

"나는 재작일 돈을 받아 가지고 왼 밤을 자지 못하였습니다. 대관절 나를 어떻게 믿으시고 거액을 주셨습니까. 그 날에 부르심을 받아 먼저 정부기관 집으로 간 즉 직원들이 밥 못먹는 것을 보고 내가 돈을 내놓았는데 그 밤에 선생님이 남루한 의상 중에서 거액을 나에게 주심을 보고 놀랐습니다. 만일 내가 그 돈을 낭비하고 다시 아니오면 어찌 하시렵니까. 과연 관대한 도량과 엄정한 공심을 뵙고 탄복하며 감격하여 긴 밤을 그대로 새웠습니다."

이처럼 「농경작안의 진상」에는 농경의거를 결행하기까지의 과정뿐만 아니라 이봉창의 인간적인 고뇌가 고스란히 담겨져 있다. 지금까지 이봉창의거에 대한 역사적 진실은 『백범일지』와 더불어 「동경작안의 진상」을 통해 널리 알려지게 되었다.

02 '한인애국단' 최초의 단원 이봉창

'의열투쟁'과 대한민국임시정부의 독립운동 노선

일제의 식민통치 시설이나 기관의 파괴 또는 일본인 관리 및 일제의 밀
정·앞잡이 등에 대한 처단활동을 '의열투쟁'이라고 하고, 이를 주도한
인물을 '의사'와 '열사'라고 일컫는다. '의열투쟁'은 외형상 '테러'와 같지
만 성격과 의의는 크게 다르다. '의열투쟁'이 '정의正義'에 입각하여 '불
의不義'를 토벌한 것이라면, '테러'는 '자신의 이익'을 위해 단행하는 것
이라고 할 수 있기 때문이다. 따라서 한국 독립운동방략 가운데 '의열투
쟁'이 내세운 핵심적인 사상은 '인류 정의의 실현'이라고 할 수 있다.

일제강점기 '의열투쟁'을 통한 민족 독립을 추구하던 대표적인 단체로
의열단을 들 수 있다. 의열단은 1919년 11월 10일 중국 길림에서 창립
되었는데, 길림성내 중국인 반모의 집에서 김원봉·윤세주·이성우·곽
재기·강세우·이종암·한봉근·한봉인·김상윤·신철휴·배동선·서상락
외 1명 등 13명이 모였다. 이 자리에서 김원봉은 자신이 구상하던 결사

愛國團은 어떠한 것인가

愛國團의 首領은 누구냐

한인애국단의 존재를 알리는 「홍구공원 폭탄안의 진실」 중 한인애국단에 대한 부분

방안을 제시하였고 이 방안에 대해 토의한 뒤 '의열단'을 결성하였다.

이렇게 결성된 의열단은 중국 관내지역과 국내·일본을 주무대로 1920년대 전반기 강도 높은 암살과 파괴 등 강력한 의열투쟁을 전개하였다. '의열투쟁'을 논리적 독립운동 방법으로 정립한 문서가 1923년 작성된 단재 신채호의 「조선혁명선언」이라고 할 수 있다. 의열단의 선언서인 이 문서에서 ① 조선총독 및 각 관공리, ② 일본 천황 및 각 관공리, ③ 정탐노 및 매국노, ④ 적의 일체 시설물 등을 '의열활동'의 응징 대상으로 지목하였다. 일제 식민통치의 근간을 하나씩 제거하기 위해 의열단에서는 폭탄이나 총기 등을 사용한 파괴나 암살 등의 행동방침을 정하였다. 이에 의열단은 1920년 전반기 본부를 북경으로 옮기고, 조선총독부·동양척식주식회사·매일신보사 등의 일제 기관을 파괴 대상으로 선정하고 총기와 폭탄을 국내로 반입하여 의열투쟁을 감행하였다.

의열단과 더불어 대한민국임시정부에서도 정부의 주요한 독립운동 방법으로 의열투쟁을 채택하였다. 임시정부는 초기부터 일제의 관공리들에게 퇴직을 여러 차례 권유하였으며, 연통제 기관인 평안북도독판을 통해 재산가와 총독부 관리들을 경고하는 문서를 발송한 바 있다. 특히, 『독립신문』을 통해서 일제의 식민통치에 적극 협조하는 한국인 관료들에게는 노예에서 벗어나려거나 독립 국민이 되려하면 그날로 결연히 퇴직하라고 하였다. 그리고 그에 따르지 않으면 국민 저주와 칼이 그 뒤를 따를 것이라 경고하였다.

이처럼 임시정부에서는 친일세력에 대해 여러 차례에 걸쳐 식민통치에 협력하지 말라고 경고하였으며, 만일 그런 행위가 계속된다면 의열투쟁이 불가피함을 천명하였다. 『독립신문』 1920년 12월 5일자에는 이른바 '칠가살七可殺'이라 하여, ① 일본인, ② 매국적, ③ 고등정찰 혹은 형사·밀고자, ④ 친일부호, ⑤ 적의 관리, ⑥ 불량배, ⑦ 배반한 자를 처단대상으로 규정하였다. '칠가살'에 의하면, '우리들에게는 아직 병경兵警과 감옥이 없으므로 저들에 대한 저제沮制방법은 오직 단총, 살검, 폭탄이 있을 뿐'이라고 하였다.

또한 1920년대 중반 독립운동방략으로 의열투쟁을 주로 했던 병인의용대丙寅義勇隊의 창립선언서에도, 의열투쟁만이 유일한 독립운동 방법이라고 하였다.

"혁명은 길이 있다. 말하자면 흑철黑鐵과 적혈赤血 뿐이고 다시 제이, 제삼이 없다. 암살·파괴는 혁명가의 무상한 무기이며 유일한 수단이다. …… 강대한 폭력을 타도 전복시키려면 오직 암살과 파괴 뿐이다"

임시정부에서는 정부가 직접 의열투쟁을 주도한 적도 있었지만, 대부분의 경우 정부의 지원단체 및 외곽단체들이 추진하였다. 그 가운데서도 대한적십자사청년단(1920.1~1921.4)·광제청년회(1920.3~1921.6)·의용단(1920.4~1920.8)·대한독립청년단(1920.5~1921.3)·암살단(1920.6~1920.9)·무장계획단(1920.9~1920.12) 등과 같은 단체는 직접적인 친일배의 처단, 일제 식민기관의 파괴와 같은 강력한 행동지침을 가지고 있던 단체들이었다.

이밖에도 임시정부에서는 군자금 모집과 관련하여 친일파에 대한 처단이 이루어지기도 하였다. 군자금을 모집하는 과정에서 임시정부 요원들은 군자금 제공을 거부하는 자를 위협하거나 혹은 처단하는 경우도 있었다. 전국 각 지역에서 임시정부를 후원 혹은 지원하는 단체들은 각 지역 자산가들에게 정부의 명령이라고 하면서 군자금을 요구하였다. 예 컨대 1920년 3월 6일부터 10일까지 김두칠 등은 평안북도 강동군 자산 가들에게 군자금을 요구하였으며, 또 1921년 1월 18일에는 함경남도 풍산군 안수면에 거주하는 김병선과 염상한이 군자금 모집을 거절하여 임시정부 요원들에 의해 총살되기도 하였다.

1920년대 초반 임시정부와 직접 연계되거나 아니면 만주의 독립군 단체와 연계되어 국내에서 의열투쟁이 감행되는 일도 비일비재하였다. 예컨대 1921년 1월 임시정부의 특파원인 한경제가 강서 및 평원 경찰 에 체포되어 권총 3정·실탄 273발·기타 문서를 압수당하였으며, 평안 남도 대동·강동 등 대동강을 중심으로 군자금을 모집하여 상해로 보내 려고 활동하던 김봉원 등은 1921년 7월 일경의 불심검문에 걸려 체포 되어 권총과 실탄 그리고 군자금 통지서 등을 압수당하였다. 그밖에 임 시의정원 의원이던 임득산은 1923년 7월 서울에서 부업공진회가 열릴 때 이를 폭파하고자 폭탄 50개를 서간도로 발송하다가 일경에 발각되 어 압수당하기도 하였다.

한편 임시정부가 있던 상해에는 1920년대 초 한국인이 약 600~700명 정도 있었는데 대부분은 프랑스조계에 거주하는 독립운동가들과 그 가 족들이었다. 독립운동자들은 임시정부 수립 이후부터 일제 경찰의 추적 을 받아 왔으며, 특히 밀정들을 통해 그들의 활동상황 일거수일투족이 감시받아 왔다. 이에 임시정부에서는 일제의 추적을 차단하기 위해 경 무국을 중심으로 밀정 및 정탐 처단을 단행하기로 하였다. 경무국의 주요 임무는 왜적의 정탐활동을 방지하고, 독립운동자의 투항 여부를 정찰하여 왜의 마수가 어느 방면으로 침입하는가를 살피는 것이었다.

임시정부 수립 초반 경무국장 김구는 정복과 사복 경호원 20여 명을 임명하여 밀정들을 처단하였다. 상해 일본총영사관에 협조한 김도순을 비롯하여, 김가진의 귀국을 종용한 정필화를 처단하였으며, 임시정부를 비방하고 정부의 각 총장과 경무국장을 암살하려 한 황학선을 처단하는 등 독립운동을 저해하거나 방해한 밀정들을 제거하였던 것이었다. 그럼에도 불구하고 일제의 추적으로 말미암아 임시정부 요인들이 체포되는 등 독립운동을 추진하는 데 많은 어려움이 있었다. 이에 정부 주변의 청년들을 중심으로 맹호단을 조직하여 밀정들을 척결하고자 하였으며, 상해 임시정부에서 활동하던 조응순·계성범 등은 상해암살단을 조직하여 일본인이나 독립운동에 방해하는 자들을 처단하였다.

임시정부 주도의 친일파 처단 외에도 1920년대 초 임시정부 주변에는 대한교민단·한국노병회·철혈단·구국모험단 등 여러 독립운동단체들이 조직되어 있었는데 대부분의 단체들이 정부를 옹호하고 의열투쟁을 통해 독립운동을 하고자 하였다. 그 가운데 의열활동을 통해 독립운동을 전개하기 위해 조직된 대표적 단체가 구국모험단이었다.

1920년대 초반 친일파 처단 등을 통해 일제에 타격을 준 임시정부는 국민대표대회 이후 분열되면서 ㄱ 활동이 부진하였다. 그런 가운데 1926년 1월 결성된 병인의용대는 임시정부 직속단체로서 주로 암살·파괴 등을 운동노선으로 채택하고 있었다. 초기 「병인의용대 대헌隊憲」 제2조에는 적의 모든 시설을 파괴하고 임시정부의 신성을 보장함을 목적으로 하는 비밀사秘密社로 한다고 하였다. 이에 따라 병인의용대에서는 독립운동자를 변절시키거나 투항시켜 친일세력으로 양성하는 역할을 하던 상해 일본총영사관 소속의 우치야마內山 판사처를 기습 공격하여 우치야마와 밀정인 최동윤을 처단하였다.

병인의용대에서는 3차례에 걸쳐 상해 일본총영사관에 폭탄을 투척하였다. 첫 번째는 1926년 4월 8일 김광선·김창근·이수봉 3명이 일본총영사관 후면 도로에 있는 건물에 폭탄 두 개를 투척한 것이다. 두 번째의 시도는 그해 9월 15일 나창헌이 직접 제작한 시한폭탄을 중국인 서윤쌍으로 하여금 일본총영사관에 반입시켜 폭파하려고 하였다. 이 사건으로 최병선과 장영환이 체포되었는데, 병인의용대에서는 배후에 강대한 단체가 있는 것을 알리기 위해 상해 일본총영사관에 또 한 차례 폭탄을 던졌다.

이밖에 병인의용대에서는 1926년 2월 1일 최병선·장영환·김광신·박인 등 4명의 결사암살실행대가 일제 밀정인 박제건을 권총으로 저격하였다. 이어 그해 2월과 3월 사이에는 4명의 일제 밀정을 처단하였으며, 이영선이 일본영사관의 우치호리內堀를 처단하고자 하였으나 실패하였다. 이처럼 병인의용대는 국권회복과 임시정부의 권위수호와 정부 주변의 공산주의자들 및 일제의 밀정이나 앞잡이 등을 처단하는 활동을 전개하였다.

임시정부는 1920년 초반까지 주로 친일 관리나 밀정 등 앞잡이에 대한 처단을 통해 정부는 자체 조직을 강화시키고 친일 앞잡이의 행위를 억제시킬 수 있었고, 국내외의 동포들에게 임시정부의 존재와 독립운동의 지속성을 알릴 수 있었다. 또한 임시정부의 의열투쟁은 정부가 직접 주도한 것이 아니라 주로 주요인사 및 단체에 의해 진행되었는데, 이는 정부 차원에서 의열투쟁을 전개하기에는 외교상의 문제 등 국제문제로 번질 수 있었기 때문에 개인적 차원이나 단체에 의해 추진되었던 것이다.

이봉창, 한인애국단 최초의 단원

1920년대 중반 이후 활동이 부진했던 임시정부는 1931년 일제가 만주침략을 단행하면서 독립전쟁의 분위기가 높아지자 이 기회를 적절히 이용하여 의열투쟁을 적극적으로 추진하기로 하였다. 이를 추진한 대표적인 단체가 '한인애국단'이라고 할 수 있다. 한인애국단은 1930년대 들어 계속된 침체와 위기에 처해 있던 임시정부의 활로를 모색하기 위하여 국무회의의 의결을 거쳐 조직된 임시정부의 특무대였다. 임시정부의 국무위원인 김구는 한인애국단의 책임자로 임명되었고 단의 활동이나 인물선정 등 모든 권한을 가지고 다만 그 결과를 보고해야 했다.

「동경작안의 진상」에 이봉창이 '우리 단의 최선봉장' 혹은 '본단에 가장 먼저 가입한 단원'이라고 한 점으로 보아, 한인애국단은 이봉창이 입단하기 직전에 조직되었을 것으로 추측된다. 한인애국단은 철저한 비밀조직이었고 임시정부 관계자 일부만이 알고 있었기 때문에 조직에 대한 자료는 거의 남아 있지 않다. 한인애국단의 존재가 대내외적으로 알려지게 된 것은 윤봉길의거 이후 중국신문 『시사신보』 1932년 5월 9일자에 의해서였다. 김구는 윤봉길의거 직후 피치S. F. Fitch 박사 집으로 피신하였으나 도산 안창호를 비롯한 동지들은 일제에 붙잡히고 말았다. 이에 그는 이같은 비판에 대해 자신이 홍구공원의거를 일으킨 주범임을 밝힘으로써 다른 사람들이 체포되는 것을 막고자 하였다.

당시 피치 박사 집에 피신한 사람은 김구를 비롯하여 그의 측근인 안공근·엄항섭·김철 네 사람이었는데, 엄항섭으로 하여금 선언문을 기초하게 하고 피치 부인에게 영문으로 번역시켜 로이터통신사에 투고하였다. 영문으로 작성된 문서는 중국의 각 신문사에 전달되었고 이를 받은 신문사에서는 다시 중국어로 번역하여 실었던 것이다. 그래서 『시사신보』가 맨 처음 보도하였고, 이어서 『시보』·『대공보』 등이 5월 10일자로 보도하였다.

이후 김구는 그의 입장을 대외적으로 널리 알리기 위해 「홍구공원 폭탄안虹口公園爆彈案의 진상眞狀」이라는 제목으로, 국한문으로 된 3장의 복사본을 만들어 널리 배포하였다. 현재 남아 있는 복사본 「홍구공원 폭탄안의 진상」은 영문으로 발표된 것보다 훨씬 자세하고, '우리들이 경모하고 결애潔愛하는 김구 선생'이라는 표현과 '우리가 잘 아는 그는 금년에 57세 된 한 노인'이라고 한 것으로 보아 김구의 최측근 인물인 엄항섭이 쓴 것으로 보인다.

국한문으로 작성된 「홍구공원 폭탄안의 진상」의 맨 앞에는 영문으로 'K. P. P' 즉, '한인애국단Korean Patriots Party'의 약자를 표시하고 있으며, '상해의거'의 진상에 대해서 자세히 설명하고 있다. 또한 거사를 일으킨 단체가 '한인애국단'임을 분명히 밝히고 있는데, 예를 들어 '애국단의 일원', '애국단은 어떠한 것인가', '애국단의 수령은 누구냐' 등의 목차를 달아 '동경의거'와 '상해의거'의 주체는 모두 한인애국단이라는 점을 천명하였다. 그리고 이봉창·윤봉길 의거뿐만 아니라 한인애국단의 조직목적과 활동에 대해 '한인애국단은 절대 비밀결사로서 파괴와 암살과 같은 의열투쟁을 통해 독립운동을 추구하는 단체이며, 단장은 김구'라는 점을 명시하였다. 그리고 "금년 1월 8일에 도쿄에서 일황을 저격한 이봉창의사도 애국단의 일원이다"라며 이봉창에 대해서도 분명히 언급하고 있다.

한인애국단은 비밀결사체로, 단장 김구가 특무활동을 준비하고 계획하는 과정에서 그 임무를 결행할 적절한 인물을 선정하였다. 그리고 상호 충분한 협의를 거쳐 태극기 앞에서 입단 선서문을 목에 걸고 사진을 촬영하는 것으로 입단식을 대신하곤 하였다. 따라서 단원들의 정확한 인원과 명단을 확인할 수가 없다. 일제의 정보기관도 한인애국단의 인원을 약 80여 명으로 추정하고 그 핵심단원은 10여 명으로 파악하고 있다. 현재까지 밝혀진 한인애국단원의 명단은 단장에 김구, 단원으로 안공근·엄항섭·안경근·이봉창·윤봉길·김금호·김철 등이다.

03 갑작스럽게 찾아온 가난

이봉창에 대해서는 많은 역사적 사실이 밝혀졌을 것으로 생각되지만 출생연도 등을 비롯한 아주 기본적인 사실조차도 아직까지 확실하지 않다. 이봉창의 출생과 관련하여 널리 알려진 자료로는 '동경의거' 이후 일제의 「신문조서」와 그 외 일제의 정보문서, 의거를 결행하기 전 중국 상해에서 김구에게 건네준 그의 이력서가 있다. 그러나 이봉창이 쓴 이력서는 현재 남아 있지 않지만 그가 직접 작성하여 김구에게 주었기 때문에 이보다 자세한 것은 없을 것이다. 김구는 이봉창이 준 이력서를 근거로 하여 작성한 「동경작안의 진상」에서 이봉창 선조들의 세거지가 경기도 수원이고, 그가 태어난 곳이 서울 용산이며, 본국을 떠날 때 마지막 주소가 서울 용산 금정錦町(효창동) 118호라고 밝히고 있다.

이봉창 집안의 내력에 대해서는 전혀 알려진 바가 없기 때문에 자세한 것은 알 수 없지만 그의 호적등본에 본관이 '전주全州'로 기록되어 있다.

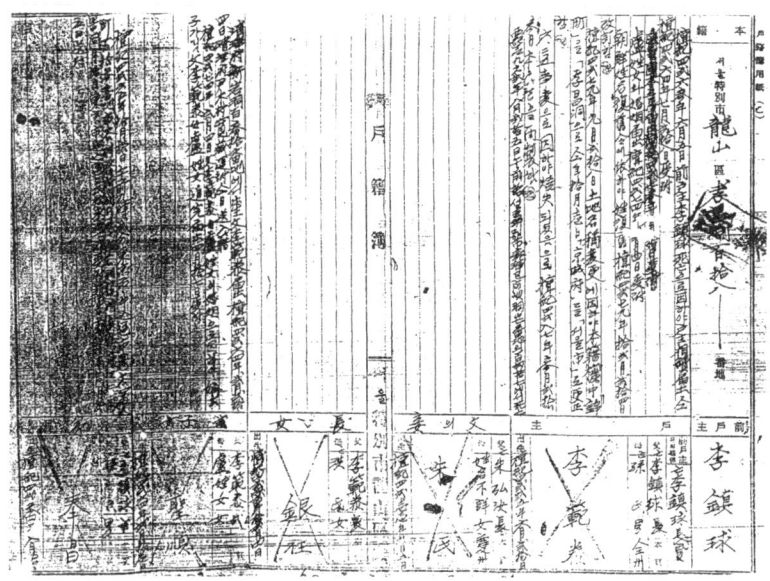

이봉창의 호적 등본

'동경의거' 직후 일제의 이봉창에 대한 「신문조서」에서 그는 자신의 신분을 '평민'이라고 대답하였다. 아마도 그의 직계 집안에는 특별히 현달한 인물이 없기 때문에 평민이라고 대답한 것 같다. 또한 그의 호적등본에 의하면 이봉창은 1901년 8월 10일 지금의 서울 용산구 원정元町(원효로) 2가 3통 3반에서 부친 이진구李鎭球(鎭奎, 沈奎라고도 함)와 어머니 손씨 사이의 둘째 아들로 태어났다.

그런데 김구가 쓴 「동경작안의 진상」에는 "이 의사는 공력公曆 1900년에 용산에서 출생하였고 그가 본국을 떠날 때는 용산 금정 118호에 있었다"라고 하였다. 김구는 이봉창의 출생년도를 '서기 1900년'이라고 하였는데 이것은 호적등본과 1년 차이가 난다. '동경의거' 직후 일제가 국내에 그의 신원을 조회하였는데 이때도 1901년(메이지明治 34) 8월 10일생이라고 하였다. 왜 출생년도에서 1년의 차이가 날까? 이봉창이 직접 작성하여 김구에게 넘겨준 이력서에는 자신의 출생일을 정확하게 기재하였을 것이다. 「동경작안의 진상」은 분명히 이봉창이 김구에게 건네준 이력서에 의거하여 작성되었을 가능성이 매우 높다. 따라서 이봉창은 자신의 출생년도를 서기로 계산하여 '1900년'이라고 한 이력서를 김구에게 건네주었다고 보는 것이 정확하다. 그렇다면 호적등본의 '1901년'은 아마도 출생신고 때 잘못 적은 것인지도 모른다.

한편 이봉창은 1932년 1월 8일 거사 직후 바로 체포되어 도쿄의 경시청으로 연행되었다. 경시청 형사부장실에서 외부와 연락이 완전히 차단된 가운데 도쿄지방재판소의 미야기 나가고로宮城長五郎 검사정檢事正의 취조를 받았고, 그리고 대심원이 지명한 도쿄지방재판소의 아키야마 다카히고秋山高彦 예심담당판사의 첫 신문을 받았다. 도쿄지방재판소 서기 아라이 유타카新井穰의 입회 아래 진행된 예심판사의 첫 질문은 이봉창의 이름·나이·주소·본적·출생지에 관한 것이었다. 이봉창은 자신의 나이를 '32세'라고 답변하였다. 또한 1925년 당시 자신의 나이를 '25세'라고 밝히고 있다.

"나는 다이쇼大正 14년(1925) 25세 때 처음으로 조선에서 내지에 왔다."

1931년 12월 17일 중국 상해에서 일본 고베로 올 때에도 자신의 나이를 31세라고 하였다.

"제 나이 31세입니다. 앞으로 다시 31년을 더 산다 해도 과거 반생에서 맛본 방랑생활에 비한다면 늙은 생활에 무슨 취미가 있겠습니까."

이를 볼 때 김구가 작성한 「동경작안의 진상」에서 말한 이봉창의 출생년도는 '1900년'으로 보는 것이 정확하다.

이봉창의 성장과정에서 분명히 해 둘 부분이 있다. 그것은 이봉창의 가정환경이 악화된 것이 언제부터이며, 왜 그렇게 되었는가 하는 점이다. 왜냐하면 이 부분은 이봉창이 일제와 일본인들에 대해 반감을 가지게 된 이유를 확인할 수 있게 해주기 때문이다. 「동경작안의 진상」에 의하면, 이봉창 선조들의 세거지는 경기도 수원水原이었지만 그의 아버지 이진구가 조상들이 물려준 '광대한 조종祖宗의 토지'를 '철도부속지'라는 명목하에 일제에게 빼앗기면서 어쩔 수 없이 그곳을 떠나게 되었다고 한다. 이봉창의 아버지는 가족들을 데리고 서울로 이주하였고 용산에서 그가 태어나게 되었던 것이다.

이봉창은 의거 이후 일제로부터 신문을 받을 때의 「신문조서」에 의하면 그의 아버지에 대해 이렇게 말했다.

"나의 아버지는 일찍이 수만의 재산을 갖고 건축청부업과 우차운반업을 경영했는데 이왕가의 건축을 청부받은 적도 있었습니다. 또 내가 7~8세 때에는 소를 5~6마리나 두어 제법 유복한 생활을 하였습니다."

이봉창은 유년시기, 비교적 유복한 환경에서 생활하였고 그의 집안은 용산에서는 제법 알아주는 편이었다. 그런데 아버지의 병환으로 사업을 남에게 맡길 수밖에 없었고, 게다가 사 놓았던 재목이 대홍수로 떠내려가 상당한 손해를 입게 되었다.

용산에 주둔한 일본군 기병중대

　이봉창이 11세가 되던 무렵부터 집안환경이 기울기 시작하여 용산의 집을 팔고 금정(효창동)으로 이사를 하였던 것이다. 그러면 「동경작안의 진상」에서 언급된 이봉창의 아버지가 조상들의 토지를 '철도부속지'라는 명목으로 일제에게 강점당하였기 때문에 수원을 떠나게 되었다는 기록은 시간적 착오가 있었던 것 같다. 왜냐하면 이봉창의 「신문조서」에는 그의 가족들이 용산으로 이사를 왔을 때까지만 해도 생활이 매우 유족한 편이었고, 그가 문창보통학교 2학년에 다닐 무렵에도 제법 유복한 생활을 하였다고 하기 때문이다. 따라서 「동경작안의 진상」에서 언급된 내용과는 시간적 차이가 있다고 보아야 한다.

　일제가 '철도부속지'라는 명목으로 우리나라의 토지를 빼앗은 것은 대개 1904년 러일전쟁이 일어나면서부터였기 때문에, 토지의 강탈은 이봉창이 태어난 이후였다. 러일전쟁 때 군용철도 공사를 위해 일본인 기술자와 노동자들이 한국에 들어왔다. 특히 서울의 용산은 수많은 일본군이 주둔하면서 병참사령부가 만들어지고 새로 군용철도의 역도 생긴 곳이다. 그 결과 광대한 토지를 군용지로 강제 수용당하였다.

서울에는 남대문·한강 유역 12개 동 300만 평, 평양에는 평양성 서문·대동강 유격 5개 방 393만 평, 의주에는 백마산 부근 282만 평 등 약 1천만 평에 가까운 토지가 군용지로 수용되었다. 용산에는 1904년 8월 말 남대문 밖에서 한강에 이르는 지역까지 표목이 설치되었고, 9월 초 평양과 의주에도 표목이 설치되었다. 이러한 일제의 군용지 수용에 대해 영국 『런던 데일리 메일The London Daily Mail』 기자로 우리나라에서 활동하던 맥켄지Frederick A. Mckenzie는 다음과 같이 기술했다.

맥켄지

헐버트

"일본군 당국은 이 나라 안에서 가장 좋은 자리의 대부분을 자기네가 쓰는 것으로 말뚝을 쳐놓았는데 여기엔 서울 근방의 강변 토지, 평양 주변의 땅, 한국 북부의 많은 지역, 그리고 철도변의 땅들이 다 들어가 있다. 수만 에이커의 땅은 이렇게 해서 얻은 것이다. 이런 곳에서 내쫓긴 사람들은 대개의 경우 한 푼도 받지 못한 채 물러났거나 혹은 공정가격의 10분의 1 혹은 20분의 1 정도의 금액을 받았을 뿐이다. 군대가 점령한 땅은 명목상 전쟁 목적을 위해서라는 것이다."

또한 미국인 헐버트Homer B. Hulbert도 『대한제국 멸망사The Passing of Korea』에서 군사적인 목적이라는 구실로 일본인들이 토지를 강탈하는 예가 허다하게 발생하였다는 점을 지적하였다.

그러므로 「동경작안의 진상」에서 말한 이봉창의 아버지 이진구가 실제로 '철도부속지'로 땅을 빼앗겼다면 러일전쟁 기간에 용산에 소유하고 있던 땅이 강제로 수용되었을 것이다. 또한 이봉창은 「신문조서」에서 일제 판사에게 말했다.

"이마이今井라는 나쁜 일본인에게 집문서를 새 증서로 갱신해 준다는 말에 속아 우리집과 첩 주간난朱千蘭 및 정봉희鄭鳳姬 집 등 세 채의 집문서를 넘겼더니, 이마이는 그 증서를 담보로 하여 다른 곳에서 돈을 빌려 쓰고 모습을 감춘 일이 있었다."

김구는 이봉창으로부터 그의 아버지가 악질 일본인에게 집을 사기당했다는 이야기를 들었는데, 「동경작안의 진상」을 작성할 때 김구는 그 시기와 내용을 서로 혼동하여 이봉창의 아버지 이진구가 수원에 있을 무렵 일제에게 '철도부속지'로 토지를 강탈당하였다고 잘못 쓴 것으로 이해된다.

한편 이봉창의 가정환경에서 주목할 점은 이봉창의 아버지 이진구에게는 부인이 세 명이 있었는데 그 사이에 1~3명의 자녀를 두었다는 점이다.

이봉창은 신문을 받을 때에도 아버지가 두 명의 소실들 가정을 돌보느라고 경제적인 어려움이 가중되었다고 말했다. 아무튼 이봉창의 아버지는 상당한 재력을 소유하고 있었지만 병환과 잇따른 사업 실패 등으로 많은 재산을 잃고, 집마저 악질 일본인에게 사기를 당하면서 경제적으로 매우 곤란한 상황에 처해지게 되었던 것이다. 이같은 불운에도 불구하고 이봉창이 13세가 되기 전까지 그의 아버지는 상당한 재산을 소유하고 있었다고 보아야 한다. 왜냐하면 그의 아버지에게는 두 명의 첩에 자녀들까지 두고 있었기 때문이다.

세파에 시달린 소년기

이봉창은 비교적 부유한 유년기를 보냈지만 집안이 기울면서 고등교육을 받을 수 없는 처지에 놓였다. 어릴 때 약간의 문자를 학습하고 10세 이후에야 처음으로 용산의 문창소학교에 입학하여 4년만에 학업을 마쳤다. 보통의 한국인 가정에서와 마찬가지로 이봉창도 동리의 서당에서 『천자문』이나 『동몽선습』 정도의 한학을 읽힌 다음에, 10세 때 천도교에서 세웠다는 용산에 있는 사립 문창학교에 입학하여 4년 과정을 마쳤다. 그리고 이봉창은 제5회 「신문조서」에서 다음과 같이 말했다.

"경성부 청엽정靑葉町(청파동)의 사립 문창학교를 졸업했다. 그것은 보통학교 정도의 4년 졸업 학교이다. 나는 굳이 상급학교에 가고 싶다고 생각하지 않았고, 또 당시 생활난 때문에 상급학교에 진학할 수도 없었다. 그 후 오사카大阪에서 간사이공업학교關西工業學校 야학부에 4개월 다녔을 뿐이다."

「동경작안의 진상」과 「신문조서」를 종합하여 보면, 이봉창이 공식적으로 받은 교육은 오늘날의 초등학교 정도의 학력 수준에 불과하다고 할 수 있다. 그런데 예심조서에 '나는 굳이 상급학교에 가고 싶다고 생각하지 않았고'라는 표현은 그의 본심이라고 보기 어렵다. 왜냐하면 뒤에 상세히 설명하겠지만, 이봉창이 일본으로 건너간 이유는 용산역에 근무할 때 받은 민족차별 때문이라고만 할 수 없다. 그의 배움에 대한 열정도 무시할 수 없다. 이봉창이 일본으로 건너갈 당시 그는 일본에 가면 일을 하면서도 공부를 지속할 수 있다는 것을 잘 알고 있었다. 1920년대 일본으로 건너간 사람들은 대부분 돈을 벌려고 일본행을 택했지만 그중에는 일과 공부를 병행할 수 있다고 하여 가는 경우도 적지 않았다. 일제강점기 일본에서 공부를 하는 한국인 유학생이 많았고, 일을 하면서 대학까지 마칠 수 있다는 가능성 때문에 몰래 도항하기도 하였던 것이다. 이봉창도 오사카에 도착한 후 일을 하면서도 간사이공업학교 야학부에 입학하여 다녔다. 그러나 일과 공부를 함께 하는 것이 현실적으로 어려웠기 때문에 단지 4개월 정도에 그쳤던 것이다. 그러나 그 후에도 이봉창의 배움에 대한 욕망은 오사카가스회사에 다닐 무렵 와세다대학早稻田大學 강의록과 교원검정 수험준비 잡지를 빌려 와서 읽고 공부하는 등 고등교육에 대한 열망은 식지 않았다. 비록 공적인 교육을 받을 기회는 적었지만 이봉창은 틈틈이 배움에 대한 열정을 채워나갔다.

이봉창은 학교에서 많은 지식을 습득하지는 않았지만 두뇌는 매우 뛰어났던 것 같다. 그러나 좋은 머리나 노력에 비하여 그에 걸맞는 대우를 받지는 못하였다. 즉 이봉창은 우수한 두뇌를 가졌지만 '한국인'이라는 이유 때문에 차별을 받았고 그 때문에 고통을 느껴야만 했다.

이봉창이 매우 뛰어난 두뇌를 가졌다는 것은 '동경의거' 과정에서 증명된다. 특별히 고등교육을 받지 않고 일본인들 밑에서 일을 하면서 일본인도 알아차릴 수 없을 정도의 유창한 일본어를 구사하였던 것이다. 또한 '동경의거'를 진행할 때 주도면밀하고 또 치밀한 모습은 혀를 내두르게 한다.

04 민족차별에 피눈물을 흘리다

이봉창은 13세 되던 무렵 아버지의 소실인 주간난의 집에서 살았고, 그는 어머니와 형 범태 부부, 조모와 함께 살고 있었다. 집안이 기울면서 그의 형이 운송점이나 숯 가게에 나가 일을 하였지만 그것으로는 가계를 충당할 수가 없어 소지품을 전당잡히거나 팔아서 생활비를 보태며 하루하루를 살았다. 이같은 집안형편 때문에 이봉창은 상급학교에 진학하는 것이 불가능하였을 뿐만 아니라 생계에 보탬이 되기 위해 직장을 구해야 했다.

학교를 졸업한 후 14살 때 과자점에 취직하였다. 와다和田라는 일본인이 경영하는 '와다에이세이도和田衛生堂'라는 과자점이었는데, 지금의 서울 용산 원효로 2가에 있었다. 이곳에서 근무할 당시에 대한 기록이 없어 자세한 것은 알 수 없지만 「신문조서」에 의하면, 14살 때부터 16살까지 2년간 과자점에서 '고용살이'를 하였다. 이봉창은 일본인 과자점에서

식사를 제공받고 월 7~8원 정도의 월급을 받았는데, 그는 「신문조서」에서 군이 '고용살이'라고 표현하였다. 어린 나이에 일본인 밑에서 일을 하기는 하였지만 그에 대한 경제적인 대가나 인간적인 처우가 좋지 못했기 때문에 그렇게 표현한 것이 아닌가 생각된다.

이봉창은 과자점에서 2년간 일을 하다가 그만두고 수입이 좋은 곳으로 일자리를 옮겼다. 두 번째 직장은 서울 한강통漢江通(한강로) 16번지에 있는 무라타 시게가스村田卯一가 경영하는 약방이었다. 그는 약방에서 먹고 자고 월급으로 10원 외에 판매에 대한 배당이 있어 수입은 월 13원 혹은 14원 정도 되었다. 나이에 비하여 꽤 좋은 수입이었다. 그가 약방에서 근무할 때 가게의 약품 매입 방법이 서툴러 애써 주문을 받은 약품이 없었다고 한다. 18살 때인 1918년 8월 경 약방을 그만두었는데, 아마도 약품이 전문적인 용어라서 어린 나이의 이봉창이 감당하기 어려웠던 것 같다.

청소년기에 대한 자료나 기록이 충분치 않아 당시 이봉창이 어떠한 고통을 당하였는지는 자세히 알 수가 없다. 인생의 꽃이라고 할 수 있는 청소년 시기에 일본인 밑에서 생활하는 것이 결코 쉽지는 않았을 것이다. 그렇지만 그가 가게에서 일한 수입으로 어머니를 봉양하고 가족들 생계에 도움을 줄 수 있다는 위안에서 어려움을 이겨가며 다녔던 것이다.

「동경작안의 진상」에서도 "오직 천진난만한 그 유년시대에 사람으로 당하기 어려운 일인의 학대를 직접으로 받기 시작하였다"라고 적고 있다. 그러므로 14살 때부터 19살까지 5년간은 이봉창의 삶에 적지 않은 영향을 미쳤을 것이라 생각된다.

이봉창은 일본인 가게에 있으면서 상당한 일본어 실력을 쌓았다. 특히, 어려운 약품 용어나 설명서를 읽어가면서 자연스럽게 고급 일본어를 습득하였다.

이봉창은 약방을 그만두고 얼마 안 되어 용산역의 용인傭人으로 채용되어 연결수連結手 역부役夫가 되었다. 이봉창이 용산역에 취직할 수 있었던 것은 그가 약방에서 일했을 때 알게 된 철도국 영업과 화물계에 근무하는 이노우에 사카이치井上界一의 소개 때문이었다. 용산역에 근무할 당시 월급이 40원 내지 47~48원이었다고 하는 것으로 보아 결코 적지 않은 수입이었다. 이 정도의 수입으로 그의 집은 먹고살기에 별 불편함이 없었고 게다가 그의 형 이범태가 함흥으로 가 1년 정도 유객꾼 생활을 한 뒤 청진으로 이사를 갔다. 그러면서 그의 형이 아버지를 청진으로 모셔갔고, 형의 딸인 이은임李銀任도 돈을 벌고 이봉창이 용산역에서 일을 하면서 생활은 조금씩 나아졌다.

감당하기 힘든 민족차별

이봉창이 용산역에 다닐 때 경제적으로는 커다란 문제가 없었지만 그를 괴롭히는 것은 다름 아닌 민족차별이었다. 일본인 상점에서 점원 노릇을 하다가 철도국 시험을 보아 용산역 연결수로 취직하게 되었으나 전철수轉轍手는 상당한 경력이 있어야 승급할 수 있는 자리였다. 이봉창은 이보다 하위직인 연결수로 취직하여 몇 년이 지난 후에도 승급

이봉창이 일을 했던 용산역

을 하지 못하였다.

　이때 한 가지 주목할 만한 것은 그의 나이 19세 때인 1919년에 3·1
운동이 일어났다는 점이다. 이 시기가 외부로부터 영향을 받기 쉬운 예
민한 청소년기였음을 감안할 때 결코 그냥 지나칠 수 없었을 것이라고
여겨진다. 3·1운동은 그의 인생에서는 지금까지 경험해 보지 못했던
일본인에 대한 대규모의 저항이었기 때문이다. 따라서 이봉창이 '동경
의거'를 일으키는 데에 어느 정도 영향을 미쳤을 것으로 판단된다. 『도
왜실기屠倭實記』에는 이봉창이 "이 운동에서 자극을 받아 심지가 더욱 견
고해지고 처음에 생각하던 바를 차차 실제로 옮기기로 하였다"고 한다.

또한 「동경작안의 진상」에도 "공력 1919년은 한국에서 전국적 독립운동이 발발하던 때니 이에서 그는 더욱 큰 자극을 얻어 그 환상이 점점 실제화하여 드디어 조국광복을 위하여 일신을 희생할 대결심이 되었다"고 하였다.

이봉창은 용산역에서 일을 하는 동안 '한국인'이라는 이유로 민족차별을 꽤나 심하게 받았다. 그가 처음 용산역에 취직하였을 당시만 해도 한국인이 70% 일본인이 30%를 차지하였다. 그런데 1년 정도 지나자 새로 조차계操車系 주임이 바뀌면서 일본인과 한국인의 비율이 역전되었다. 이봉창은 용산역의 연결수로서 상당히 숙련되어 있었는데, 새로 온 주임은 연결수의 작업을 아주 가볍게 보고 새로 들어오는 일본인이 조금 일에 익숙해지면 다른 일로 교체하였다. 이로 인해 숙련되지 못한 연결수가 부상을 당하는 일이 많이 생겼고, 어떤 때는 8명의 부상자가 나왔으며 심지어 사망자까지 발생하게 되었다. 그렇기 때문에 당시 함께 근무하던 한국인들은 일본인들에 대한 불만이 커져갔다.

이처럼 일본인이 많이 늘어나면서 한국인과 일본인 사이에 차별도 극심해졌다. 한국인은 상여금이나 승급에서 일본인과 차별대우를 받았다. 이봉창도 경력으로 보나 일의 숙련도로 보나 분명히 승급을 할 수 있었음에도 불구하고 '한국인'이라는 이유만으로 승급이나 상여금에서 차별대우를 받아야만 했다. 대개 일본인들은 1년 반만에 용인에서 고원雇員으로 승급하는데 비하여 한국인은 아무리 일을 잘해도 전철수까지 올라갈 수가 없었다. 이봉창과 함께 일을 하던 일본인들은 모두 고원이 되거나 조차계를 맡았고, 또 그보다 1년 반 뒤에 채용되어 그의 밑에서 일을 배우던 일본인들은 모두 전철수 또는 조차계의 견습이 되어 그의 상사가 되었던 것이다.

이봉창은 두뇌가 명석하였기 때문에 일에 대한 숙지도가 매우 빨랐다. 게다가 일본어까지 능숙하게 구사할 수 있어 일을 수행하는 데에 아무런 지장이 없었다. 그럼에도 이봉창이 일본인에 비해 승급율도 낮고 상여금 액수도 적었을 뿐 아니라 절대로 승진하지 못하였다. 기량이야 어떻든 상관없이 늦게 들어온 일본인들에게 잇달아 추월당한 심정을 「상신서」에서 이렇게 밝히고 있다.

"그때 나의 가치없는 생활을 깨달았으며 이 세상이 얄궂다는 것을 알았다. 그러나 상대는 일본인이다. 나는 내가 조선인임을 명심하지 않으면 안 된다. 설혹 억울하게 내던져지고 채인다 하더라고 말없이 견뎌내지 않으면 안 되는 인간이다. 채념할 수밖에 없다."

그는 일본인 밑에서 일을 하면서 온갖 모욕을 당하고 또 심한 차별대우로 분노를 느꼈다.

"일인의 능멸과 후욕詬辱은 형언할 것도 없거니와 무리한 착취와 압박은 날로 심하여지매 이의사의 철권鐵拳은 하루도 몇 번씩 움직였다. 용산별 어두운 밤 처량한 기적성汽笛聲에 홀로 짓는 피눈물이 어찌 한두 번이었으랴. 그러나 가정에서 적지 않은 노유老幼가 그의 부양을 기다리고 있으매 긴 한숨을 지으면서 불같이 일어나는 분노를 억제하였다."

이봉창은 일본인들 밑에서 갖은 모욕을 받고 피눈물을 흘리면서 일을 계속할 것인가, 아니면 그만둘 것인가의 기로에서 방황했다.

"내가 일본인으로 태어났으면 차별이나 학대를 받지 않고 살아갔을 것이다. 불행하게 조선인으로 태어났기 때문에 어쩔 수 없다."

그는 고민과 번민을 이기기 위해 주색에 빠져 4~5백원의 빚까지 지게 되었다. 게다가 용산역의 일은 싫증이 날대로 난 상태였다.

"비록 거지가 되더라고 이런 일은 싫다."

이봉창은 결국 일을 그만두기로 하였다.

이봉창은 14~15세 때 말라리아를 앓아 관절염을 앓았는데 그후로 무릎 관절이 좋지 못했다. 그런데 이같은 이유로 퇴직을 하면 퇴직수당을 많이 탈 수가 있다는 것을 듣고, 철도병원에서 진단서를 받아 병가 퇴직을 신청하였다. 그때가 1924년 4월 14일이었다.

그 이후 그는 1년 반 동안 거의 놀며 지냈다. 물론 그 사이에 용산 금정에 있는 관제묘關帝廟의 보존을 위한 봉사를 하거나 혹은 금정청년회를 조직하고 간사로서 활동하면서 하수청소와 야경을 하는 등 약간의 공공사업에 봉사활동을 하기도 하였다. 또한 1925년 11월 1일부터 시행된 간이국세조사 때 금정 80번지에서 180번지까지 조사활동을 맡았던 일도 있었다.

적지 일본에서 큰 뜻을 품다 05

'신일본인' 으로 살기

용산역을 그만둔 이봉창은 일본으로 건너가 새로운 일을 찾기로 결심하였다. 그가 왜 일본행을 결심하게 되었는지에 대한 구체적인 동기를 알 수 있는 확실한 단서는 발견되지 않는다. 아마도 용산역에서 근무할 때 받은 차별대우가 가장 큰 이유였다고 생각된다. 이봉창은 일본에서 일본인과 같은 대접을 받으며 살고자 했던 것 같다. 국내에서는 도저히 희망을 발견할 수 없다고 판단하고 환경을 바꾸어 보자는 생각이 더 컸을 것으로 보인다.

그러나 어머니 때문에 쉽게 집을 나갈 수가 없었다. 어머니를 혼자 두고 갈 수가 없어 꾸물거리고 있었는데 후지하타藤幡라는 사람이 일본으로 돌아가면서 한국인 식모를 고용하고 싶다고 하였다. 이에 조카 이은임을 일본으로 데려가 식모로 일하게 할 생각으로 어머니와 이은임에게 의논하였더니 다행히 승낙해 그녀를 데리고 1925년 11월 일본 오사카大阪에 갈 수가 있었다.

일본에서는 1899년 법으로 외국인의 입국을 단속하였지만 한국인들은 관행에 의해 일본 입국이 자유로웠고, 한국인의 도일이 본격화되는 것은 1920년부터였다. 당시 일본의 사정은 1922년 12월 여행증명제도가 철폐되면서 다음해에 '도항증명제'가 실시되었다. 1923년 9월 관동대지진이 일어나 파괴된 시가지의 복구를 위한 노동력이 요구되자 일제는 '도항증명제'를 폐지했던 것이다.

오사카는 일본의 대표적인 공업 중심지로 1920년대에 많은 한국인 노동자들이 모여들었다. 한국인들이 오사카에 집중하는 데에는 교통망의 확충이 한몫을 했고, 1920년대 중반 도쿄·오사카를 중심으로 노동시장의 요구가 급증하자 한인들이 이 지역에 많이 거주하였다. 이에 일제는 한국인 도항자가 늘어나자 이를 막기 위해 1925년 10월부터 필요한 여비외 소지금 10원 이하의 자는 도항을 할 수 없도록 법제화하였다.

이봉창이 도착한 1925년 11월 당시 오사카에 거주하는 한국인은 34,361명으로, 도쿄나 후쿠오카福岡보다 훨씬 많았다. 오사카에 도착한 이봉창은 일자리를 찾아나섰다. 1920년대에 대부분의 한인노동자들은 직공이나 광부·토건업에 종사하였다. 토목이나 건축업에 종사하는 인부의 경우에는 청부인이나 공사장의 하청인 또는 숙박소 주인을 통해 일자리를 얻었고, 이들의 손을 거칠 경우 보통 10~20%의 임금을 공제당했다.

그럼에도 불구하고 일자리를 구하는 일은 쉽지 않았다. 한국인 하숙집에 거주하면서 직업소개업소를 찾아가 수수료를 지불하고 취직처 앞으로 소개장을 받아 찾아갔다. 그러면 며칠 전에 고용했다거나, 나이가 많다거나, 이곳 일에 적성이 맞지 않는다며 모두 거절당하였다. 결국 직업소개소에 속아 수수료만 떼이고 사기를 당하였다는 것을 알았다.

어느 날 오사카 우메다역梅田驛 앞의 오사카시 직업소개소를 방문하였을 때 고베神戸철도 우편국 열차계의 모집 포스터가 붙어 있었다. 문의하였더니 호적등본과 신원증명서만 있으면 채용된다고 하였다. 고향에 전보를 쳐 신원증명서를 구하고 소개장을 받아 고베철도 우편국 오사카 출장소를 찾아갔다. 계係의 주임을 만나 서류를 제출하였더니 히로시마廣島 서쪽의 사람은 시모노세키下關철도 우편국에서 취급한다고 하면서 채용을 거절하였다. 이처럼 호적등본과 신원증명서를 내면 번번이 취직이 되지 않는 것은 자신이 한국인이기 때문이었다는 사실을 알았다.

이리저리 취직자리를 찾았지만 일자리를 얻지 못하고 있던 중 우연히 신문광고에 발명품 외판원 수십 명을 고용한다는 것을 보고 찾아갔다. 그러나 한국인이라고 거절당하고 돌아나오는데, 총무라는 사람이 자신이 서울에서 산 적이 있다고 하면서 그를 고용해 주었다. 외판원으로 일을 하였으나 그해 연말에 회계원이 돈을 가지고 도망갔다고 하면서 12월 31일이 되었는데도 급료를 주지 않았다. 결국 담배 값을 하라며 준 3원을 받고 그만둔 적도 있었다.

그러다가 1926년 2월 다께다조武田組 오다小田金三郞에게 고용되어 상용인부로 오사카가스회사에서 일을 하게 되었다. 이봉창은 일본에 오면 일본인과 같은 대접을 받을 것으로 생각하였다. 그러나 일자리를 구하는 과정에서 한국인을 일본인과 같이 대해주지 않는다는 것을 알았다.

이봉창은 이를 '비참한 일'이라 생각하였고, 이에 대해 불만을 나타내기도 하였다. 하지만 그것은 일본인으로 살고자 하는 '신일본인新日本人'을 일본인과 같이 대우해 주지 않는 데 대한 불만으로, 이봉창은 식민지 현실을 인정하고 자신은 일본인으로 살아가야 한다는 생각을 갖고 있었던 것이다. 한국인으로 태어났지만 일본인으로 살아가야 한다는 것이 그의 생각이었고, 그래서 '신일본인'으로 살기로 한 것이다.

그런데 그해 9월 각기병에 걸려 그 달 말경부터 일을 쉬고 히가시나리구東成區 사리사정舍利寺町 자혜병원慈惠病院에 입원하였다. 하지만 차도가 없자 그해 12월 이봉창은 서울의 약방에 근무할 때 만난 고니시 쇼지로小西小次郎라는 사람의 집이 있는 효고현兵庫縣에서 요양을 하게 되었다. 고니시는 이봉창이 서울의 약방에서 일을 하고 있을 때부터 잘 알고 지내던 사이였고, 그는 고니시 집에서 심부름을 하며 5개월 가량 요양을 하다가 1927년 5월 초 다시 오사카로 돌아왔다.

병을 치료하고 오사카로 돌아온 이봉창은 계속해서 오사카가스회사에서 일을 하다가 1927년 12월 초에 일거리를 잘 주지 않아 그만둘 수밖에 없었다. 이봉창은 이치오카市岡에서 한국인들과 함께 하숙을 하고 있었는데 대부분이 부두노동을 하는 중에 이봉창만 직업이 달랐다. 이봉창은 일본말을 잘 하였기 때문에 다른 사람들보다도 좋은 직장에 다닐 수가 있었던 것이다.

그러나 가스회사를 그만두고 부두 노동자로 일할 때 이봉창은 처음 며칠동안 3원 50전 정도를 받았다. 태어나서 처음으로 받아보는 최고의 금액이었다. 그런데 이상한 일이 생겼다. 일이 점점 익숙해지는데도 임금은 오히려 내려갔던 것이다. 이를 이상하게 생각하여 선배들에게 묻고 나서야 이유를 알았다.

"반장이 처음에는 너를 일본인으로 알고 일본인에게 주는 보수를 주었는데, 한국인이라는 것을 알았기 때문에 보수가 달라진 것이야."

이봉창은 하급 노동사회에서도 민족적 차별대우가 있다는 사실이 슬펐다.

이봉창은 부두노동도 그만두고 김수천의 알선으로 1928년 2월경 스미도모住友 신동소伸銅所 아마가사키尼ヶ崎출장소의 상용인부로 취직했다. 이곳에는 한국인이 이봉창 한 명뿐이었고 차별대우도 받지 않았다. 특히 조장인 야마노山野의 귀여움을 받아 상용인부 5~6명을 데리고 작업을 하라는 지시를 받기도 하였다.

그러던 어느 날 공장 안에 직공 2~3명을 모집한다는 벽보가 붙었다. 그래서 그는 한국인이라는 사실을 잠시 잊고 서무계에 가서 문의하였다. 그런데 서무계에서는 한국인이라도 괜찮지만 조장이나 조장 이상되는 사람의 보증이 있어야만 한다고 하였다. 이 말을 들은 이봉창은 곧바로 조장을 찾아가 보증인이 되어 달라고 부탁하였다. 그러자 야마노 조장은 보증인이 되었다가 실패한 적이 있다는 이유로 보증을 서 줄 수 없다고 하였다.

이봉창은 자신을 신용하는 사람에게도 '한국인'이라는 이유로 차별적 대우를 받게 되자 나락으로 떨어지는 심정이었다. 이같은 민족차별은 이봉창이 독립운동에 마음을 돌리게 하는 계기가 되었음에 틀림이 없다. 그가 차별대우라고 느낀 것은 ① 용산역 근무중에 있었던 철도 당국자의 조치, ② 오사카에서 취직 자리를 찾고 다녔을 때 한국인이기 때문에 채용되지 않았던 일, ③ 오사카에서 부두노동을 하고 있을 때의 차별대우, ④ 스미도모 신동소의 아마가사키 출장소에서 직공을 지망했을 때의 일, ⑤ 교토京都의 고조五條경찰서에서의 검속 등이 가장 두드러진 것이었다.

일왕의 즉위식을 보러 가다

이봉창은 일본에 와서도 '한국인'이기 때문에 차별대우를 받는다고 생각하고 있었다. 그러던 1928년 11월 10일 일왕 히로히토裕仁의 즉위식을 구경하기 위해 친구 2명과 함께 오사카에서 교토로 갔다. 일왕 히로히토는 두 번의 즉위식을 가졌다. 한 번은 다이쇼大正 일왕이 1925년 12월 25일에 사망하자 곧 바로 천황가와 일본정부 관료들 앞에서 즉위식을 가졌다. 그리고 3년 복상을 마치고 난 1928년 일반 백성들 앞에서 즉위식을 교토에서 다시 한 번 치렀다.

　그러면 왜 이봉창은 일왕의 즉위식을 보러 간 것일까?

　그는 옥중에서 쓴 「상신서」에 이렇게 쓰고 있다.

　"실제로 나는 불행한 인간이다. 왜냐하면 조선인으로 태어나 이태왕李太王 전하의 옥안을 뵌 적이 없으며 일한 합병 후 신일본인이 되어 천황폐하의 옥안을 뵌 적도 없다. 또 조선역사도 안 배웠고 일본역사의 가르침을 받은 적도 없다. 실로 부끄러운 인간이며 가치없는 인간이다. 한 국민으로서 그 나라의 역사도 모르고 그 나라 국왕의 옥안도 뵌 적이 없는 것은 참으로 스스로 부끄러운 일이다."

그래서 이봉창은 돈을 빌려서라도 일왕을 보고자 다짐한 것이다. 같은 하숙집에 살던 일본인 마에다 세이지前田政二와 서양세탁소에 근무하는 한국인 최순평과 함께 교토로 갔다. 이봉창 일행은 아마가사키를 출발하여 오사카에서 게이한京阪전차로 교토에 도착하였다. 교토에서는 고조五條의 카라스마토오리鳥丸通에서 밤을 샌 뒤에 다음날 아침 7시 참관석에 앉아 일왕 행렬을 보려고 하였다.

참관석에 앉아 있는데 경찰들이 와서 일일이 신체검사를 했다. 당시 일본정부는 즉위례를 치르는 과정에서 경위 문제가 가장

이봉창의 투탄의거 대상 일왕 히로히토

중대한 일이었다. 왜냐하면 만주의 정세가 불안한데다가 각지에서 반일감정이 고조되고 있었고, 특히 한국의 독립투쟁이 활발해지고 있었기 때문이었다. 일본국내는 내무성과 군대를 통한 통제를 강화하지만 해외 암살단의 국내 침입을 막기 위해 외무성이 중심이 되어 내무성·조선총독부·대만총독부·관동청 간에 특별경비 조치를 강구했다. 요시찰인의 감시와 용의자의 사전 검색은 물론이고 일본에 도착하는 한국인은 항구에서 미리 검색하라는 지령까지 내려졌다.

즉위례에 참가하는 사람들 가운데 한국인은 요시찰인이건 아니건 간에 특별 경계의 대상이 되었다. 이 과정에서 이봉창 일행도 조사를 받게

되었다. 두 명이 조사를 무사히 끝내고 이봉창의 차례가 되었다. 그런데 경관이 그의 주머니에서 고향의 친구로부터 온 한문과 한글이 섞인 편지를 발견하였다. 이 편지의 내용은 "착실하게 일해서 빨리 출세하라"라는 안부편지였기 때문에 문제가 될 것이 전혀 없었다. 그런데 일본 경관은 이봉창을 교토의 고조경찰서로 데려갔다. 이미 경찰서에는 10여 명이 끌려와 있었다. 유치장에 갇힌 이봉창은 경관에게 빨리 즉위례에 참석할 수 있도록 해달라고 부탁하였다.

유치장에는 그와 같이 아무런 죄가 없이 검속된 자들이 서너 명이나 있었고, 그 후로도 줄을 이어 들어오는 사람들로 인해 그와 같은 방에 수용된 사람들이 80명을 넘었다. 그날 저녁 유치장에 갇힌 사람들의 반은 방면되고 다음날 대부분이 풀려났으나 이봉창만은 풀어 주지 않았다.

이봉창은 유치장에서 무산당이나 공산당에 들어가서 무산계급을 위한 운동에 들어가 볼까 하는 생각도 잠시 들었다. 그러다 자신이 무고하게 검속되어 유치장에 갇힌 이유를 곰곰이 생각하다 "먼저 독립운동에 노력해야 한다"고 생각하게 되었다.

고조경찰서 유치장에 들어온 지 11일만에 고등계 형사가 이봉창을 불러 이봉창의 주머니에 있던 한글 편지를 해독할 수가 없어 그냥 두었는데 일본말로 읽어달라고 하였다. 이봉창은 편지를 읽어 주며, 고베의 산노미야三宮경찰서의 고니시 이쿠타로小西幾次郎라고 하는 형사를 잘 알고 있으니 그에게 신원을 물어보라고 하였다. 이봉창의 신원에 문제가 없다고 보고 그를 풀어 주었다. 이봉창은 유치장에 갇힌 지 11일 만에 석방되었다. 그는 한국인이라는 이유 때문에 차별을 받아 검속된 것에 대해 큰 울분을 느꼈고, 동시에 자신이 한국인으로 태어난 것을 비관하고 이 세상이 싫어졌다.

이봉창은 일본에 와서 새로운 삶을 살려고 일왕의 얼굴을 보러 교토에 갔다가 아무런 죄 없이 한국인이라는 이유만으로 유치장에 내팽개쳐져 11일간이나 방치되었다. 이때 처음으로 '조선의 독립'에 대해 생각하게 되었던 것이다.

이봉창은 일본에서도 '한국인'이기 때문에 차별대우를 받는다는 것을 뼈져리게 실감했다. 그리고 한국인은 일본의 식민지인이기 때문에 차별을 받지 않으려면 민족독립을 이루어야 한다고 생각했다.

"나는 갑자기 우리 조선인은 조국 조선의 자유를 획득하지 않으면 안되며 나 자신 하나의 신명을 바쳐서라도 2천만 동포를 위해 조선 독립의 실현에 노력하지 않으면 안된다."

1928년 11월 이 사건을 계기로 이봉창은 심경에 커다란 변화를 일으킨 것이 틀림없다.

일본을 떠나기로 결심하다

유치장에서 풀려나 다시 오사카로 돌아와서는 피로 때문에 하루를 쉬고 직장에 나갔다가 5~6일간 쉬고 다시 출근을 하였다. 그런데 주위 사람들은 그가 무슨 죄가 있어서 유치장에 감금되었는지에 대해 물었다. 아무런 죄가 없다고 하였지만 사람들은 수군대면서 그를 무슨 나쁜 사상을 가진 '불량분자'가 아닌지 의심하였다. 그래서인지 대우도 점점 나빠졌고 결국 일을 그만두었다.

교토 유치장에서 나온 이후 이봉창에게는 두 마음이 대립하고 있었다. 하나는 우리 민족이 일본의 식민통치 아래에 있기 때문에 한국인들은 차별대우를 받을 수밖에 없고 그렇기 때문에 독립을 획득하지 않는 한 한국인들은 자유를 얻을 수 없다는 것이었다.

"먼저 독립운동에 노력해야 한다."

또 다른 하나의 마음은 정반대의 마음이었다.

"일본인 행세를 하는 것이 편리할 것이니, 조선인이라는 것을 절대적으로 감추겠다."

결국 이봉창은 번민을 거듭하다가 두 마음으로 생활하기로 결정하였다. 겉으로는 철저하게 일본인으로 살고, 속으로는 조선 독립을 위해 진력하겠다는 것이다.

일왕의 즉위식에 참석한 이후 한동안 방황 속에 살다가 위와 같은 결심을 한 뒤 이봉창은 자신이 한국인임을 절대로 남에게 알려지지 않도록 하였으며, 한국에 편지도 보내지 않고, 한국 이름 대신에 일본 이름만을 사용하였다. 그는 '가짜 일본인'으로 살아가는 길을 택하였던 것이다.

1929년 2월부터 오사카의 쯔루하시鶴橋에 있는 비누 도매상에 일본인이라 속이고 점원생활을 시작하였다. '기노시타 쇼죠木下昌藏'라는 일본 이름을 본격적으로 사용하기 시작하였다. 그 일본 이름은 이봉창이 일본에 오면서부터 사용하기 시작하였고 오사카가스회사에 근무할 때는 자연스럽게 자신을 부르는 이름이 되었던 것이다. 그가 무슨 특별한 이유가 있어서 '기노시타 쇼죠'라는 일본 이름을 사용한 것은 아니고 가스회사에 취직되었을 때 '이봉창'이라는 한국 이름을 말했더니 경리과 직원이 부르기 좋은 일본 이름으로 해달라고 해서 '기노시타 쇼죠'라고 칭한 것이다. 그리고 대개 일본에 사는 한국인들이 그 자신의 신분을 감추기 위해 누구나 일본 이름을 가지고 있었다.

야마노 시게가즈山野鹿之助라는 일본인이 경영한 비누가게는 오사카시의 히가시나리구東成區에 있었고, 이곳은 니시나리구西成區와 함께 한국인들이 밀집하여 살고 있던 곳이었다. 이봉창은 한국인들이 많이 살고 있는 이곳에서 점원생활을 하면서도 한국인들과는 완전히 교제를 끊고 지냈다. 심지어는 조카딸의 집조차 출입을 하지 않고 지냈다. 이봉창은 철저하게 일본인으로 행세하며 살기로 굳게 마음먹었다.

한번은 이봉창이 일을 하는 비누가게에 물건을 사러 온 한국인이 있었는데, 말이 서툴거나 통하지 않아 주인에게 곤경을 치를 때가 있었다. 그 자신이 나서면 쉽게 해결될 수 있는 것을 뻔히 알면서도 그는 외면하고 나서지 않았다. 이미 일본인으로 살기로 했기 때문에 나설 수가 없었던 것이다. 일본인으로 살면 차별대우를 받지 않고 고통에서 벗어날 줄 알았는데, 일본인으로 행세하는 것이 그에게는 또 다른 고통으로 다가왔다.

"정말 나는 인정머리 없는 놈이다. 왜 나는 일본인으로 변신해 있는 것일까?"

그는 스스로 여러 번 자문해 보기노 하였다.

이봉창이 이같은 번민의 나날을 보내고 있을 무렵 비누가게의 주인도 그가 한국인인 것을 눈치챈 것 같았다. 그래서 그는 자포자기의 심정으로 그해 9월말 경 수금한 매상금 100원을 가지고 도쿄로 도망쳤다.

그러나 그렇다고 그의 번민이 해결되지는 않았다.

도쿄로 간 이봉창은 직업소개소를 찾아가 고구마 도매상에 고용되어 짐꾼으로 사흘 정도 일을 하다가 그만두고, 상애회相愛會에서 반 달 가량, 시오베鹽部 중개인 집에서 1개월, 고탄다五反田 고이즈미조小泉組, 야나기바시柳橋의 요리점에서 2개월, 사카구치坂口 해산물 도매점에서 1930년 3월 중순부터 7월까지, 오오키大木 가방점에서 그해 11월까지 고용되는 등 여러 곳을 전전하였다.

이봉창은 도쿄에서 이렇게 방황을 하다가 1930년 12월 다시 오사카로 돌아왔다. 일본인으로 살기로 했던 그는 여러 번 후회했다.

"조선사람이 조선사람으로 행세하지 않는다는 것은 거짓이다. 일본인으로 속이고 산다는 것은 잘못이다."

그는 한국인은 한국인으로 살아야 한다는 것을 깨닫게 되었던 것이다. 2년여 동안 한국인으로 사느냐, 일본인으로 사느냐라는 번민 끝에 한국인으로 사는 길을 택하였다. 한국인으로 산다는 것은 이봉창에게 조국 독립운동에 몸을 바친다는 것을 뜻하기도 했다.

결국 1930년 12월 11일 오사카 지코築港에서 카사기환笠置丸을 타고 중국 상해로 갔다. 그가 중국 상해로 가기로 결심한 이유는 한국인으로 떳떳하게 살기 위해서였다. 이봉창이 중국으로 가기로 한 배경에는 오사카에서 만난 박태산으로부터 상해에 임시정부가 있다는 말을 듣고 독립운동에도 참여할 수 있을 것으로 기대했기 때문이다. 그리고 상해에는 영국인이 경영하는 전차회사가 있는데 그곳에서는 한국인을 우대한다는 말을 듣고 상해로 향했다.

김구와의 만남

이봉창은 국내에서의 민족차별에 크게 실망하고 일본에서는 차별대우가 없을 것으로 알고 그곳에 갔다. 큰 뜻을 품고 간 일본에서 1925년 11월부터 1930년 12월까지 6년 1개월 동안의 긴 세월을 보냈다. 그러나 일본에서는 차별대우가 더욱 심할 뿐만 아니라 '신일본인'으로 살기로 결심하여도 고뇌와 번민만 주었을 뿐 자유를 가져다주지는 못하였다. 그리하여 그는 중국으로 떠났다.

1930년 12월 상해에 도착한 이봉창은 배 안에서 만난 한국인과 함께 2~3일 가량 여관에 머물다가, 다시 중국인 여인숙으로 옮겨 1개월 넘게 취직자리를 찾았다. 그러니 그기 상해에 올 때 소지했던 50원은 거의 떨어져 무료숙박소에 있다가 대한민국임시정부를 찾아갔다. 그는 임시정부의 소재를 알지 못하였기 때문에 오송로吳淞路에서 어떤 동포에게 물어보니 프랑스조계에 가면 알 수 있다고 가르쳐 주었다. 그의 말을 들

이봉창이 찾아간 상해 마랑로 보경리의 임시정부 청사

고 프랑스조계 마랑로馬浪路 보경리普慶里에서 대한민국임시정부를 찾을
수 있었다.

　이봉창이 1931년 1월 중순 프랑스조계 내의 임시정부를 찾았을 때
그곳 1층은 교민단 사무실로 사용되고 있었다. 당시 김구는 재무부장이
면서 민단장을 겸하고 있었는데, 하루는 중년의 동포가 찾아와 말했다.

　"저는 일본에서 노동을 하다가 독립운동을 하고 싶어 상해에 가정부
假政府가 있다기로 일전에 상해로 왔습니다. 상해에 도착하여 여기저기
다니다 전차표 검사원에게 임시정부의 위치를 물어보니 그가 보경리 4
호로 가라기에 이렇게 찾아왔습니다."

그가 바로 서울 용산 출생 이봉창이었다.

그가 처음 임시정부를 방문한 목적은 단순히 영국인 경영의 전차회사에 취직을 부탁하기 위해서였다. 그렇지만 이봉창의 이같은 답변은 그의 본심이라고 보기는 어렵다. 왜냐하면 그가 중국 상해로 간 것과, 그곳에서도 독립운동의 상징 기관인 임시정부의 통신처를 방문한 것이 단지 취직을 부탁하기 위해서라고는 생각하기 어렵기 때문이다. 이봉창이 취직을 부탁했을 때 마침 교민단 사무원 김동우金東宇가 있었고 그에게 전차회사에 취직을 부탁하자, 그는 이렇게 말했다.

"영어·중국어 양쪽을 알지 못하면 채용되지 않으므로 먼저 양 국어를 배우지 않으면 안된다. 2~3개월만 배우면 될 것이다."

이것이 이봉창이 임시정부를 처음 찾아갔을 때의 일이었다. 그는 김동우의 말을 듣고 영국인 전차회사에 취직하는 것이 불가능하다고 판단하고 하는 수 없이 다시 일본인을 상대로 하는 취직자리를 찾게 되었다. 그때 마침 임시정부 사무소 2층에서 비밀회합을 갖고 있던 김구가 내려와 이봉창을 보게 되었다.

당시 상황에 대해「동경작안의 진상」에는 이렇게 적혀 있다.

"요행히 성명부지의 일한인─韓人의 지시로 비밀한 임시정부의 통신처를 홀로 찾아오게 되었다."

"일본이 빈 섞은 한국말로 내역 없이 들어 온 이 부지객이 친절한 태도를 보일수록 더욱 의심을 사게 되었다."

일본어와 한국어를 섞어 쓰며 행색조차 일본인과 흡사한 이봉창의 첫인상 때문에 김구는 그를 의심할 수밖에 없었다.

이봉창은 말의 절반은 일어이고 동작 또한 일본인과 흡사하였다. 그래서 김구는 특별히 조사할 필요가 있다고 생각되어, 민단 사무원 김동우로 하여금 여관을 잡아 주라고 하였다.

민단에 있던 청년들은 이봉창을 일제의 밀정으로 의심하여 쫓아내려고 하였고 그는 안가겠다고 하여 서로간에 언성이 높았다. 이때 김구가 위층에서 내려와 이봉창을 보고 그의 태도가 비범함을 알고 민단 사무원 김동우로 하여금 여관을 잡아주도록 하였던 것이다. 김구는 임시정부 수립 초창기에 경무국장의 직책을 맡아 일제 밀정의 침투와 색출을 전담한 적이 있었고, 이 당시에는 임시정부 재무장이면서 상해교민단 단장을 맡고 있었다. 김구는 아무런 연고도 없이 일본인 행색을 하고 찾아온 이봉창을 조사할 필요를 느꼈다. 이봉창과 김구의 역사적 첫 만남은 이렇게 이루어졌다.

그러면 두 사람은 언제부터 '동경의거'를 언급하기 시작하였는가?

이에 대해서는 내용이 매우 상충되는 두 가지 자료가 있다. 하나는 이봉창이 일제의 예심판사로부터 신문을 받은 조서이고, 또 하나는 이봉창과 함께 동경의거를 모의했던 김구의 글이다. 김구의 글로는 「동경작안의 진상」과 『백범일지』가 있는데 거의 내용이 일치한다. 우선 '동경의거' 계획 과정에 대해서는 일제의 「신문조서」가 시간별로 일목요연하게 되어 있다. 반면에 김구의 기록은 이봉창과의 만남에 대해 앞뒤의 순서가 약간 다른 경우가 있다. 따라서 동경의거의 과정을 체계적으로 보려면 「신문조서」를 중심으로 정리할 필요가 있다. 그러나 「신문조서」는 일제의 예심판사가 의도한 답변에 끌려가는 측면이 있기 때문에 내용면에서는 김구가 작성한 글이 사실에 더 근접한다고 할 수 있다. 따라서 두 자료를 시간별로 정리하면서 사실의 적합성을 비교하는 것이 실상을 더욱 잘 알 수 있다고 판단된다.

김구와 처음 만난 이후 이봉창은 기독교청년회관에서 알려준 일본인 나카니시中西信太郎가 경영하는 명선철공소明善鐵工所에 대장장이로 취직을 하였다. 그곳에서 처음 2개월은 용돈 정도만 주었으나 하루 2원을 받았다. 상해에 와서 취직을 하고 약간의 여유가 생긴 그는 그해 3월 다시 임시정부를 찾아가서, 자신이 명선철공소에 취직이 되었다는 것을 알려주었다.

두 번째 만남에서 김구는 이봉창에게 일본 내에서 한국인에 대한 대우, 생활상태 등 별로 중요하지도 않은 잡다한 것을 물었다. 그러고는 김구가 이봉창의 동정을 파악하기 위해 일왕의 경비가 엄중한가, 무엇인가 세상을 놀라게 할 만한 사건을 일으킬 수가 있겠는가 등을 물었다.

"경계는 엄중하지만 하려고 작정하면 하지 못할 것도 없습니다."

이에 김구는 반 농담식으로 말하였다.

"폭탄을 가지고 일본에 가 해볼 생각은 없는가."

이에 대해 이봉창은 1928년 11월 교토의 고조경찰서 유치장에 검속되었던 때의 생각이 났다.

"내 자신이 내지에서 일본인으로 변신하여 살고 있었으나 만족하지 못하고 중국 상해로 찾아왔습니다. 폭탄이든 무엇이든 적당한 무기가 손에 들어오면 내지로 건너가 사건을 일으켜도 좋습니다."

이로 보아 두 번째 만남에서 김구가 "일왕의 경비가 엄중한가"라고 물었던 이유는 일왕에 대한 척살을 의미하는 것이었고, 이에 대해 이봉창은 "하려고 작정하면 하지 못할 것도 없다"라고 대답하여 '일왕을 척살할 수도 있다'는 것으로 해석할 수 있다.

두 번째 만남에서 '일왕에 대한 척살'에 대해 잠시 언급한 이후의 구체적인 진행과정은 「동경작안의 진상」을 통해 알 수 있다. 이봉창은 민단원들과 술자리에서 "왜황倭皇을 도살하기는 극히 용이한데 하고何故로 독립운동자들이 이것을 실행하지 아니합니까?"라며 본격적으로 자신이 '일왕을 척살'할 수 있다는 것을 처음 언급하였다.

이처럼 김구와 이봉창은 두 번째 만남에서부터 심상치 않은 대화가 오고 갔다. 김구는 자신의 이름을 '백정선'이라고 하면서 그의 본심을 파악하기 위해 여러 가지 잡다한 질문을 던졌고, 이에 대해 이봉창은 진심으로 답변을 하였다. 김구는 오랜 경험에 의해 이봉창의 본심을 대략 파악하였던 것이다.

두 사람간 세 번째의 만남이 있었던 1931년 4월 말경에는 '일왕의 척살'에 대해 본격적으로 논의되었다고 판단된다. 왜냐하면 이봉창의 제2회 「신문조서」에는 분명히 그는 이렇게 말했다.

"혹시 폭탄이라도 손에 넣으면 이것을 가지고 일본으로 돌아가 신명을 걸고라도 일본 천황을 죽여 조선의 독립을 촉진하려는 생각을 갖기에 이르렀기 때문에 그 뜻을 털어 놓으며 나의 굳은 결심을 밝혔다."

이러한 이봉창의 결심을 듣고 김구는 이렇게 권유하였다.

"일본 천황에게 위해를 가함으로써 독립운동을 촉진하려고 생각하여 그것을 실행할 수 있는 적당한 인물을 물색했으나 찾지 못했네. 혹시 군이 그처럼 굳은 결심을 갖고 있다면 조선민족을 위해 독립의 희생이 되어 주었으면 좋겠네."

두 사람은 적어도 1931년 4월 말경에 '동경의거'에 대한 대략적인 계획에 서로 동의한 것으로 보인다. 그러면 이봉창과 김구는 군이 일왕을 의열투쟁의 대상으로 정하였는가? 군국주의 국가인 일본에서 '천황'은 국가를 초월한 존재였다. 모든 침략전쟁은 그의 명으로 자행되었던 것이다. 한국에 대한 일제의 비인간적인 만행과 침략전쟁 등 온갖 불의를 저지른 모든 책임자는 일왕이었고, 침략과 약탈의 일차적인 책임이 있다고 할 수 있다. 식민지 지배와 수탈의 최정점에 앉아 있는 일왕을 인류 양심의 이름으로 척살함으로써 일본제국주의의 근간을 무너뜨리려고 하였던 것이다.

제6회「신문조서」에 의하면, 김구는 일왕이 지나갈 때 폭탄을 던질 수 있느냐고 물었다. 이 물음에 대해 이봉창은 이렇게 말했다.

"내가 일본에 상당히 오랫동안 살았고 또 도쿄 지리를 알고 있으므로 폭탄만 손에 들어오면 천황이 지나갈 때 천황을 향해 폭탄을 던지는 것은 손쉬운 일입니다. 그렇지만 일왕을 죽인다고 한들 아무 소용이 없습니다. 그것보다는 오히려 총리대신이나 기타 한국에 대해 호감을 갖고 있지 않은 고관을 죽이는 편이 훨씬 효과가 있을 겁니다."

그러자 김구는 답했나.

"그렇지 않네. 천황을 죽이는 편이 훨씬 효과가 있으며, 또 세계 각국에도 강한 영향을 줄걸세."

그래서 이봉창도 이때 처음으로 일왕을 처단할 결심을 했다고 한다.

제6회「신문조서」에 의하면, 이봉창이 일왕을 죽이기로 한 것은 1931년 4월 말경이었고, 6~7월 경이라 한 것은 착각이었다고 진술하고 있다.

그러나 예심판사의 교묘한 유도심문 때문인지, 위의 제6회「신문조서」에 이봉창은 김구의 사주를 받아 일왕에게 폭탄을 던진 것처럼 되어 있다. '동경의거'를 처음 발설한 것은 분명히 김구가 아니라 이봉창이 먼저였다. 당시의 구체적 상황은「동경작안의 진상」이나『백범일지』에 아주 분명하게 상술되어 있는데,「신문조서」의 내용과는 완전히 다르다.

「동경작안의 진상」에서 일왕을 처단할 수 있다는 말은 이봉창이 먼저 하였다고 한다. 또한『백범일지』에서도 이봉창이 민단을 찾아와 민단 직원들과 술과 국수를 사서 같이 먹다가 술이 얼큰하여 반쯤 취기가 돌자 민단 직원들과 주담을 나눴다.

"당신들은 독립운동을 하면서 일본 천황을 왜 못 죽입니까? 내가 작년 도쿄에서 천황이 능행한다고 행인을 엎드리라고 하기에 엎드려서 생각하기를 내게 지금 폭탄이 있다면 쉽게 죽일 수 있지 않을까 싶었습니다."

이 말을 유심이 듣고 있었던 김구는 이를 놓치지 않고, 이봉창을 찾아가 그의 진심을 알아보고자 하였다. 그랬더니 이봉창은 김구에게 자신이 살아온 길과 자신이 하고 싶은 일을 다 털어 놓고 일왕을 처단하자고 제안하였다고 한다.

김구는 이봉창이 의기남자義氣男子로 살신성인할 큰 결심을 품고 일본에서 상해로 건너와 임시정부를 찾아 온 것임을 확인할 수가 있었다.「동경작안의 진상」에서 "취담이 진담인 것을 의심치 아니하게 되매 피차에 심지가 상조相照하여 늦게 만난 것을 탄식한 후에 일황을 작살할 대계를 암정暗定하였다"고 하였다. 김구는 이봉창의 "위대한 인생관을 보고 감동의 눈물이 벅차오름을 금할 길이 없었다"라고도 하였다. 그리고 이봉창은 김구에게 국사를 위해 헌신할 수 있도록 지도를 요청하였다. 이봉창의 「신문조서」에 의하면 두 사람이 만난 지 다섯 번째에 해당한다.

김구는 이봉창에게 1년 이내에 그에게 특별한 임무를 부여할 것임을 약속하였다. 그리고 일을 비밀리에 진행하기 위하여 이봉창에게 한인사회를 떠나서 홍구虹口에 있는 일본사회로 가서 일본인 행세를 하고 그들에게 신임을 얻게 하였다. 제7회 「신문조서」에도 이봉창은 "일본인에게 꼭 고용되어야 했기 때문에 상해에서도 일본인으로 변신했습니다"라고 하여, 김구의 당부로 그는 상해의 일본인들과 어울려 일본인으로 행세하며 비밀리에 지냈다. 김구는 그에게 "우리 기관이나 우리 사람들과 교제를 빈번히 하지 말고 순전히 일본인으로 행세하고 매월 한 차례씩 밤중에만 찾아오라"고 주의를 주었다.

이때가 이봉창이 상해로 온 지 약 1개월 후이다. 1932년 9월 16일 공판조서에도 "그 전에 정월경 [김구를] 만나 이야기한 적이 있습니다"라고 하였다.

'동경의거' 계획과 도움의 손길

이봉창의 「신문조서」에 따르면 김구와의 네 번째의 만남은 1931년 5월 말경이라고 한다. 이때 이봉창은 독립운동 단체나 임시정부에 참여하여 독립운동을 하고 싶다는 의견을 피력하였다.

"자신의 의사만 군건하면 단독으로 실행할 수 있으므로 그러한 단체에 들어가 그것에 기댈 필요가 없네. 단독으로 실행할 결심이라면 내가 후원자가 될 수도 있네."

김구가 이봉창에게 말하였다.

이어서 이봉창과 김구의 대화는 계속된다.

"나는 폭탄을 구해 받을 수 있겠습니까? 폭탄만 손에 들어온다면 일본에 가 실행하겠습니다."

"입수하지 못할 것도 없네."

"만약 손에 들어오면 알려 주십시오."

이같은 얘기를 나눈 이후 김구와 이봉창은 한 동안 만나지 않았고, 이봉창은 명선철공소를 그만두고 영창공사榮昌公司라는 축음기 상회에 취직하였다. 이봉창은 자신의 본적을 그가 요양하였던 효고현兵庫縣 성기군城崎郡 삼강촌三江村 자하숙字下宿이라고 하였고, 현주소를 상해 배편로褒偏路 288번지라고 하였다. 이봉창은 일본인도 구분할 수 없을 정도로 일본어를 능숙하게 구사하였을 뿐만 아니라 행동까지 일본인과 흡사하여 도무지 '한국인'이라고는 상상도 할 수가 없었다. 그렇기 때문에 영창공사에서도 그를 일본인으로 알았고 아무런 의심도 없이 취직을 시켰던 것이다.

김구와 이봉창의 다섯 번째의 만남은 네 번째 회합이 있은 후 약 4개월 만인 그해 9월 중순경에 이루어졌다. 네 번째 만남 이후 두 사람은

3~4개월에 한 번씩 비밀리에 회합하자고 약속을 하였다. 「신문조서」에 의하면, 이봉창은 김구가 폭탄을 구할 수 있는지에 대해 분명한 대답을 얻고 싶었다. 이에 김구는 폭탄을 구할 수 있을 뿐만 아니라 일본 가는 여비도 마련할 수 있다고 대답하였으며, 오히려 그에게 결행할 결심을 확인하였다.

"나는 5년, 10년 삶을 더 사는 것도 흥미없습니다. 오히려 나는 빨리 죽고 싶다고 생각하고 있으므로 폭탄이 손에 들어온다면 반드시 책임지고 결행하겠습니다."

이봉창은 굳은 결심을 표명하였다. 『백범일지』에는 다음과 같이 쓰여 있다.

제 나이 31세입니다. 앞으로 다시 31년을 더 산다 해도 과거 반생에서 맛본 방랑생활에 비한다면 늙은 생활에 무슨 취미가 있겠습니까. 인생의 목적이 쾌락이라면 31년 동안 인생의 쾌락은 대강 맛보았습니다. 그런 까닭에 이제는 영원한 쾌락을 얻기 위하여 우리 독립사업에 헌신하고자 상해에 왔습니다.

김구는 이봉창의 말을 듣고 "나는 이씨의 위대한 인생관을 보고 감동의 눈물이 벅차 오름을 금할 길이 없었나"라고 직고 있다. 이때 이봉창은 김구에게 폭탄이 입수되면 알려 달라고 부탁하면서, 폭탄의 위력을 시험하고 싶다고 말했다. 김구는 폭탄과 여비가 준비되면 알려 줄 것이고 폭탄은 6~7칸 거리 내의 물건을 모두 파괴하는 위력이 있으므로 시

김홍일

유치 장군

험할 필요가 없다고 하였다. 그리고 또 이봉창은 "가능하다면 금년 중에 폭탄을 손에 넣었으면 좋겠다"고 말했다.

이봉창이 상해 홍구지역에서 일본인으로 행세하고 있는 동안 김구는 폭탄과 자금을 준비하였다. 폭탄은 중국군으로 복무하며 상해 병공창 주임을 맡고 있던 김홍일金弘壹(중국명 왕웅王雄)을 통해서 폭탄 1개, 그리고 하남성의 중국인 유치劉峙 장군으로부터 폭탄 1개 등 모두 두 개의 수류탄을 마련하였다.

한편 '동경의거'에 사용된 자금은 1931년 11월 15일 임성우 등 하와이애국단 간부들이 특무공작에 대한 지원금으로 1천 달러를 보내 온 것이었다. 가난과 절망에 빠진 사람들이 1903년부터 국내를 떠나 하와이의 사탕수수밭으로 이민을 가 약 7천여 명의 한인들이 그곳에서 생활의 터전을 마련하였다. 그 후 국권이 상실되자 이승만·박용만 등 독립운동계 거물들의 지도하에 하와이는 미주지역 독립운동의 중심지가 되었다. 특히 하와이는 대한민국임시정부에 독립운동 자금을 꾸준히 제공하였다는 측면에서 그 위치가 매우 중요하다.

하와이에서는 1925년 4월 1일에 현순玄楯을 중심으로 임시정부를 지원하기 위한 '임시정부후원회'가 조직되었다. 임시정부후원회는 기관지로 『단산시보檀山時報』를 간행하면서 임시정부를 후원하는 데 그 목적이 있었다. 그 후 하와이 한인사회는 1930년대 초반 풍파가 일어나면서 임시정부 등 독립운동에 대한 후원활동이 상당히 퇴조되어 있었다.

하와이 한인사회가 분파투쟁으로 혼란한 가운데서도 와이아와Waiawa 지방에 있던 중립적 성향의 인사들인 임성우·안창호 등으로부터 "우리 민족에 큰 빛이 날 무슨 사업을 하고 싶은데 거기 쓸 자금이 문제된다면 주선하겠다"는 연락이 김구에게 왔다. 이에 김구는 "무슨 사업을 하겠다고 말할 계제는 아니지만 간절히 하고 싶은 일이 있으니 조용히 자금을 모았다가 보내 달라는 통지가 있을 때에 보내달라"고 하였다. 하와이의 임성우 등은 김구에게 특무공작이 있으면 후원을 하겠노라고 약속을 하였고, 1931년 9월 김구가 계획한 특무공작에 찬성하였다.

이후 이봉창의 '동경의거'를 계획한 김구는 하와이의 한인들에게 특무공작에 필요한 자금을 요청하였고 그해 11월 15일 1천 달러의 자금을 보냈던 것이다.

"그 무렵 하와이에서는 명목을 정한 몇 백 달러의 미화를 상해로 보내왔다. 나는 그 돈을 받아서 거지 복색인 전대 속에 몰래 감추어 두고 예전 그대로 걸식생활을 계속하였다."

이 돈의 출처에 대해서는 김구 외에는 아무도 알지 못하였고, 그는 그 자금을 깊숙이 숨겨 두었다가 이봉창에게 긴네주었던 것이다.

이렇게 하와이 한인들이 보내 준 자금은 이봉창의 '동경의거'와 윤봉길의 '홍구공원의거'의 경비로 사용되었다. 하와이애국단은 원래 하와이·오아후·와이아와지방에서 단장 임성우를 비롯하여 김경옥·김예

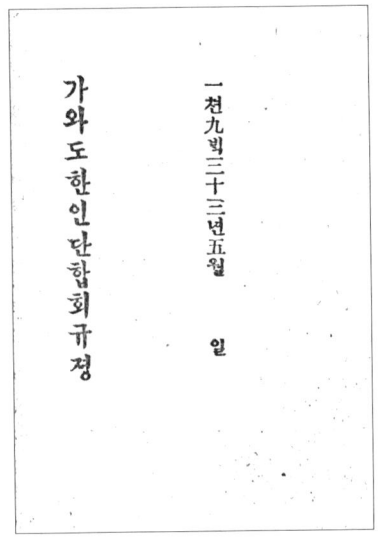

임시정부에 자금을 지원한 하와이 가와도한인단합회 규정

준·김성옥·현도명·김태정·김형기·김기순 등의 인사들이 원동지방의 특무공작을 후원하기 위해 결성한 비밀결사였다. 그러나 '동경의거'가 일어난 이후 하와이 한인사회에 알려지면서 1932년 2월 14일 '하와이 애국단'이라는 명칭으로 공식적인 단체로 조직하게 되었던 것이다. 따라서 하와이애국단은 실제로 동경의거를 일으키게 하는 씨앗이 됨과 동시에, 이로 인해 꽃을 피운 단체라고 할 수 있다.

하와이애국단은 1934년 4월 10일 한인사회의 중립적이고 지도적인 인사들을 받아들여 사업을 확장하고, 단원을 극히 주의하여 선발하였기 때문에 전체 단원이 45명에 불과하였지만 그 부담은 막중하였다. 그 후 하와이애국단은 독립운동 내 우익세력들을 중심으로 한국광복운동단체연합회(광복진선)가 조직되고 광복진선 소속의 한국국민당·한국독립당·조선혁명당의 3당은 통합을 추진, 그 결과 1940년 5월 3당을 완전히 해체하고 새로이 '한국독립당'을 창당한 것이다. 한국독립당은 연합상태에 있던 3당의 세력이 통일을 이룬 3당의 통일체였고 임시정부를 옹호, 유지해 가는 기초세력이 되었다. 이에 따라 하와이애국단도 1940년 5월 9일 한국독립당 하와이지부가 되었다.

또한 하와이에서 임시정부를 후원하는 단체로는 '가와도한인단합회'라는 단체가 있었다. 1930년 3월 1일 하와이의 카우아이Kauai섬 맥부라잇 해변공원에 모인 3백여 명의 한인들이 3·1운동 기념식을 거행한 후 조국의 광복후원을 목적으로 설립한 단체이다. 이 단체는 김구의 호소에 호응하여 카우아이섬 카파아Kapaa와 리후에Lihue 두 지방에서 임시정부의 후원을 목적으로 하였다. 한인단합회는 설립 직후부터 임시정부에 600달러를 송금했고 윤봉길의거 이후에도 300달러를 보냈다. 가와도한인단합회의 자금지원은 김구의 한인애국단 활동에 커다란 공헌을 하였음에 틀림이 없다. 한인단합회도 하와이애국단과 함께 한인사회의 분쟁에 중립적인 태도를 취하면서 임시정부의 후원에만 전력을 쏟았는데, 1939년 4월 29일 윤봉길 의거를 기념하여 단체를 해체하고 합동하였다.

일제는 이봉창의거가 일어날 당시 임시정부기 기사를 계획할 만큼의 많은 자금을 가지고 있지 않다는 사실을 잘 알고 있었다. 그렇기 때문에 '동경의거' 직후 일제의 정보보고에도 현재의 임시정부는 수백 원의 여비를 지급한 능력이 없으며 또한 미지의 청년에게 그와 같은 큰 일을 맡길 리가 없을 것으로 판단하였다.

이봉창의 인간적인 매력

코트를 입은 이봉창

이봉창은 일왕을 향해 폭탄을 던지고도 당당하게 내가 했노라고 할 정도로 담대한 성격을 지니고 있었다. 거사 이후 체포되어 도쿄 경시청에서 처음 조사를 받을 때도 워낙 당당하여 일제의 형사부장도 다음과 같이 보고 했다.

"범인은 언어가 명석하여 일본인과 다름이 없고, 태도는 태연하여 처음부터 끝까지 미소를 띠우고, 이런 중대한 범행을 저질렀음에도 불구하고 반성하는 관념은 털끝만큼도 없다."

혁명가로서의 모습이 아닌 가장 인간적인 모습으로서의 이봉창을 묘사한 사람은 김구이다. 그는 「동경작안의 진상」이나 『백범일지』에서 이봉창의 활달하고 인간미 넘치는 모습을 그대로 표현하고 있다. 1년간 상해에 체류하는 동안 이봉창의 인간적 매력에 대해 김구가 서술한 내용을 중심으로 살펴보자.

처음 임시정부를 찾아왔을 때, 일본어와 한국어를 섞어쓰는 이봉창은 일본인인지 한국인인지 분간이 되지 않았었다. 어느 날은 일본인 행색으로 '게다'를 신고 임시정부 문을 들어서다가 중국인 하인에게 쫓겨난 일도 있었다. 이로 인해 김구는 이동녕과 다른 국무위원들로부터 한국인인지 일본인인지 분간하기 어려운 혐의인물을 정부기관에 출입케 하며 직무수행에 소홀하다는 꾸지람까지 받았다. 그러나 김구는 조사·연구하는 사건이 있다고만 답변하였고, 임시정부의 어른들은 크게 책망하지는 않았지만 여러 동지들은 불쾌하게 생각하였다.

일제의 「신문조서」에도 김구와 다섯 번째 만난 이후 이봉창은 여러 번 임시정부를 찾아갔으나 그를 만나지 못했다고 대답하였다. 그러나 이것은 이봉창이 거짓으로 답변한 것 같다. 왜냐하면 이봉창은 일왕을 폭살시킬 것을 결심하고 상해의 일본사회에서 일본인으로 행세하며 몰래 여러 차례 임시정부를 찾았기 때문이다. 그리고 임시정부의 살림이 어렵다는 것을 너무나 잘 알고 있었기 때문에 갈 때마다 반드시 술과 고기를 사 갔다. 「동경작안의 진상」에도 언급한 바와 같이 그는 술과 고기를 사와 자기를 의심하고 싫어하는 민단 직원들과 더불어 술을 마셨던 것이다. 정체가 모호한 인물을 정부기관에 불러들이는 것에 대해 김구를 비난하는 소리가 적지 않았지만, 그는 그같은 공격에 대해 변명도 할 수 없었고, 다만 고개를 숙이고 속으로 웃기만 하였다.

이봉창은 아주 분명한 성격의 소유자이기도 하지만 매우 낙천가였다. 김구와 거대한 거사를 계획하고 비밀리에 추진하면서도 가끔은 그것을 숨기고 쾌활한 모습을 보여 주었다. 그가 명선철공소에 취직하여 80원의 월급을 받아 술과 고기, 국수를 사들고 와 민단 직원들과 술을 마셨는데 취하면 일본 노래를 유창하게 부르며 호방하게 놀았다. 이로 인해 '일본영감'이란 별명을 얻게 되었다.

또한 동경의거 후 9차례에 걸쳐 일제의 예심조사를 받는 가운데 제5회「신문조서」에 의하면, 그의 활달한 성격에 걸맞게 운동에도 특별한 관심이 있어 야구와 탁구같은 운동과 바둑을 좋아한다고 했다. 또 술도 좋아해 한 되 가량 마실 수 있다고 했고, 취하면 아주 유쾌해져 노래를 부르거나 떠들 뿐 그 외에는 별다른 술버릇은 없다고 하였다.

그래서 그런지 임시정부 사람들이나 민단원들이 그를 의심의 눈길로 주시하고 싫어하였지만 그는 조금도 개의치 않았다. 김구는「동경작안의 진상」에서 이봉창의 성격을 이렇게 말했다.

성행性行은 춘풍같이 화애和靄하지만 그 기개는 화염같이 강하다. 그러므로 대인담론對人談論에 극히 인자하고 호쾌하되 한번 진노하면 비수로 사람 찌르기는 다반사였다. 주酒는 무량無量이고 색色은 무제無制였다. 더구나 일본가곡은 무불능통無不能通이었다.

이봉창은 만나는 사람들과 쉽게 교제를 하였고, 일본인 사회라고 할 수 있는 상해의 홍구지역에 거주한 지 1년도 되지 않았지만 일본인 지인들도 셀 수 없이 많았다. 심지어 일본총영사관의 경찰까지 그의 수완에 현혹되었고 일본영사의 내정까지 무상으로 출입할 수가 있었다.

이봉창이 상해를 떠날 때 그의 옷깃을 쥐고 눈물지은 아녀자도 적지 아니하였고 부두까지 나와 배웅하는 일본경찰도 있었다. 자신들의 '천황'을 척살하려고 두 개의 폭탄을 가지고 배를 타는 그의 앞날을 축복하기 위해 나왔던 셈이다. 이처럼 이봉창은 그 타고난 소질 그 자체가 영웅적 품성이었다.

마지막으로 김구는 최후의 이별이라면서 이봉창을 중국인 사진관으로 데리고 가 함께 사진을 찍었다. 이 세상에서는 함께 있지 못하지만 저세상에서라도 함께 있자는 뜻으로 기념사진을 찍기 위해서였다. 사진을 찍을 때 김구의 안색이 좋지 않음을 보고 이봉창은 김구를 위로하면서 말했다.

"우리가 대사를 성취할 터인데 기쁜 낯으로 박읍시다."

그러자 김구는 그의 말에 감동해 마음을 굳게 가지고 안색을 바꾸었다고 한다. 『백범일지』에서도 이봉창이 김구에게 "저는 영원한 쾌락을 향유코자 이 길을 떠나는 터이니, 우리 두 사람이 기쁜 얼굴로 사진을 찍으십시다"고 한 것으로 기록되어 있다. 이에 김구도 억지로 미소 띤 얼굴을 하고 사진을 찍었다고 한다.

돌아오지 못하는 길을 떠나다

이봉창은 1931년 11월 하순에도 김구를 찾아갔는데 별다른 이야기는 나누지 않았다고 한다. 그리고 12월 10일 혹은 11일쯤에 김구가 이봉창에게 편지를 보내 만나자고 하였다. 그래서 그는 김구를 만나기 위해 13일 오후 7시 반 민단 사무소로 찾아갔으나, 그때 마침 김구가 자리에 없어서 프랑스 공원 부근의 어느 한인 집으로 찾아가 만났다. 두 사람은 환용로環龍路 160호에 있는 '다크후아'라는 러시아 식당에 들어갔다.

"마침내 준비는 됐는데 언제 일본에 가겠는가?"

"언제든지 좋습니다. 12월 17일 고베로 가는 직항 배가 있는데 그것을 타고 가는 것이 좋겠습니다."

그러자 김구는 중국 지폐로 3백 원을 꺼내 주면서 여비와 일본으로 갈 준비에 써 달라고 하였다.

"마지막 가시는 길이니 이 돈은 도쿄 가시기까지 다 쓰시고, 도쿄 도착 즉시로 전보하시면 다시 송금하오리다."

김구와 이봉창 두 사람은 러시아 식당을 나와 밤 10시경 하비로霞飛路 309호에 있는 'La Maison Paije'라고 쓰여진 사진관에 들어갔다고 한다. 이봉창이 「신문조서」에서 말한 사진관은 실은 안공근의 집이었다. 그 집에는 폭탄 2개, 선서문, 태극기가 준비되어 있었다. 이봉창은 폭탄을 양손에 1개씩 들고 두 손을 가슴 높이 들어 올리고, 선서문을 가슴에 걸고, 태극기를 배경으로 사진을 찍었다. 『백범일지』에 의하면, 김구는 이봉창을 안공근의 집으로 데리고 가 한인애국단에 입단시키고 다음과 같은 내용의 선서문에 서명을 하게 하였다.

나는 적성赤誠으로써 조국의 독립과 자유를 회복하기 위하여 한인애국단의 일원이 되어 적국敵國의 수괴를 도륙屠戮하기로 맹서하나이다.

대한민국 13년 12월 13일
한인애국단 앞 선서인 이봉창

선서문을 가슴에 달고 폭탄을 들고 기념사진을 찍는 것으로 입단식은 끝이 났다. 당시의 상황에 대해 김구는 "그에게 만반이 준비됨을 고

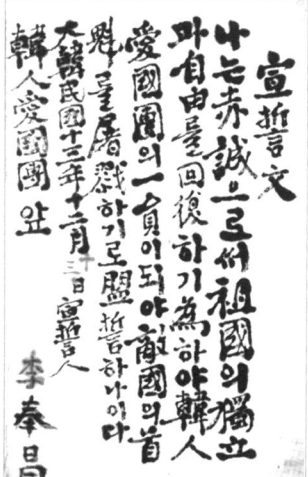

선서문을 달고 있는 이봉창　　　　　　　　이봉창 선서문

태극기 옆에서 찍은 이봉창

하니 그는 비상히 기뻐하였다"고 술회하였다. 그리고 이날 일왕을 척살하기 위한 구체적인 계획이 수립되었고, 김구는 이봉창에게 홍구지역으로 돌아가 일본으로 향할 준비를 하라고 지시하였다.

이처럼 김구는 이봉창과 일왕 처단을 추진하면서 임시정부의 특무활동 기구로 '한인애국단'을 조직한 것이다. 김구는 '본단에 최선가입最先加入한 단원이 이의사'라며 한인애국단 최초의 단원이 이봉창이라고 하였다. 한인애국단에 가입한 12월 13일은 밤이 너무 늦어서 폭탄의 사용법에 대해서는 다음에 가르쳐 주기로 하였다. 다음 날 이봉창은 영창공사로 가서 고향에서 송금이 왔다고 하면서 사직서를 내고 일본으로 돌아가겠다고 말하였다.

일제의 「신문조서」에 의하면, 1931년 12월 15일 김구와 일곱 번째 만남이 이루어졌다. 김구는 준비가 완료되자 이봉창을 불렀다. 폭탄과 자금을 준비한 김구는 이봉창을 불러 준비가 끝났음을 알렸다. 김구와 이봉창은 요리점에서 음식을 먹고, 잠깐 김구가 외출하여 폭탄을 가지고 온 다음 중국인 여관 '중흥여사中興旅舍'로 이봉창을 데리고 갔다. 그곳에서 김구는 폭탄의 휴대·사용방법·성능 등에 대해 자세하게 설명해 주었다. 특히 폭탄은 착탄지를 중심으로 6~7칸 사방에 있는 물건을 모두 파괴할 수 있는 무서운 위력을 가졌다고 하였다. 또한 거사 이후 체포될 때의 행동요령도 일러주었으며, "군은 조선독립을 위해 제1의 희생자이므로 강한 애국심을 갖고 반드시 목적을 관철하도록 하라"고 격려하였다.

김구와 이봉창은 12월 15일 함께 밤을 지낸 후 16일 아침 여관을 나왔다. 이봉창은 영창공사로 가서 짐을 싸고, 밤이 되자 김구를 찾아갔다. 김구와 이봉창은 중국 요리집에서 식사를 하고, 김구가 8원 80전을 주고 손목시계를 사서 이봉창에게 주었다. 두 사람은 중흥여사에서 마지막 밤을 함께 보냈다.

다음 날 아침, 김구는 이봉창에게 폭탄을 숨겨서 운반하는 방법을 가르쳐 주었다. 먼저 면으로 된 긴 띠로 복대를 하고, 또 중국 비단 주머니에 두 개의 폭탄을 밑 쪽에 닿도록 넣은 뒤 주머니 양끝을 몸통에 감아 묶어 사타구니 사이에 폭탄을 끼우게 하였다. 그리고 그 위에 팬츠를 입고 양복을 입게 하였다. 이처럼 폭탄 운반법에 대해 일러준 뒤 상원루狀元樓라는 중국음식점에서 아침식사를 함께 먹었다.

두 사람은 악수를 마지막으로 작별을 하고 이봉창은 자동차를 타고 홍구지역으로 갔다. 이것이 김구와 이봉창의 이별이었다. 독립운동을 하기 위해 상해로 찾아온 이봉창은 약 1년간의 짧은 기간이지만 일왕을 척살하는 거대한 혁명으로 역사를 다시 쓰고자 하였던 것이다.

07 '동경의거'를 거행하다

거사를 위한 만반의 준비

이봉창은 1931년 12월 17일 오후 3시 일본 우편선 고오리가와환氷川丸을 타고 19일 밤 8시경 고베항神戶港에 무사히 도착하였다.

이봉창은 김구가 가르쳐 준 방법으로 폭탄을 숨기고 배를 탔다. 세관원들이 가방은 검사했으나 신체검사는 하지 않아 다행히 폭탄은 발각되지 않았다. 고베에 도착한 후 이봉창은 한신阪神 전차를 타고 오사카로 가 미나토구港區 야쿠모정八雲町에 있는 우메노야梅ノ屋여관에 숙박하였다. 그리고 12월 20일 상해의 인옥寅屋잡화점 아주머니가 나라奈良에 있는 딸에게 보내는 선물을 전해 주었다. 다음날 21일 도쿄에 사는 인옥잡화점 아주머니 아들에게 보낸 선물을 포장하여 우편으로 보내고, 상해에 있을 때 사귄 시다가와下川 영사가 부탁한 축음기 커버도 다음 날 우편으로 붙였다.

12월 22일 이봉창은 여관을 나와 오사카역에서 열차를 타고 오후 9

시 20분경 도쿄에 도착하였다. 국철전차를 갈아타고 우에노上野 역에서 내려 택시를 타고 아사쿠사구淺草區 마쓰기요정松淸町에 있는 오쿠하리야尾張屋여관에 가서 숙박하였다. 다음 날인 23일 상해의 김구에게 100원을 송금해 달라고 전보를 쳤다. 하지만 회답도 없는 데다가 가진 돈도 얼마 남지 않아 그동안 머물던 여관을 나와 26일과 27일은 싸구려 여인숙에서 묵었다. 그리고 상해로부터 돈이 오지 않아 손목시계를 저당잡히고, 직업소개소에 가 초밥 기재상점에 취직하려고 하였다.

한편 이봉창의 전보를 받은 김구는 1931년 12월 28일 상해에 있는 일

김구가 이봉창에게 보낸 전보

본 정금은행正金銀行으로 가서 도쿄에 있는 '기노시타 쇼죠木下昌藏' 앞으로 100원을 부치고 바로 돈을 보냈다는 내용의 전보를 보냈다. 마침 이때 이봉창은 맡겨놓은 짐을 찾으러 오쿠하리야 여관에 들렀다가 "정금에서 100원 보냈다"라는 전보가 왔기 때문에 계속해서 그 여관에 머물 수가 있었다. 28일 우연히 『도쿄아사히신문』에서 1월 8일 요요기代代木 연병장에서 일왕이 참석하는 관병식을 거행한다는 것을 보게 되었다. 그는 드디어 기회가 왔다고 생각하고 이 날 거사를 결행하기로 결심하였다.

이봉창이 김구에게 보낸 편지

이봉창은 즉시 김구에게 "상품은 1월 8일 꼭 팔릴 터이니 안심하라"는 전보를 보내 거사일을 알렸다. 마지막으로 200원을 부쳐 주었더니 다시 편지가 왔는데, "주인댁에 밥값까지 빚이 져 있었는데 200원을 받아 다 갚고도 돈이 남겠습니다"라고 하였다.

　12월 28일이나 29일 경 오쿠하리야 여관에서 남의 눈에 뜨이지 않게 밤중에 폭탄 주둥이에 끼워 놓았던 나무마개를 뽑아낸 뒤 폭탄머리에 끼워 넣어야 할 기구를 넣었다. 그리고 안전핀을 뽑아 두어 언제든지 던지기만 하면 폭발될 수 있도록 해 놓았다.

상해의 김구로부터 돈이 올 것이라고 생각하였지만 오지 않아 기다리다가 30일 혹은 31일 김구에게 다시 조회 전보를 보냈다. 그리고 1931년도가 저물어가고 1932년도가 되었다. 새해 1월 3일 다시 상해로 재촉하는 전보를 쳤다. 1월 4일 정금은행에서 100원을 찾았고, 다음 날 김구로부터 회답 전보가 오기를 기다리며 보냈다.

1932년 1월 6일 아침 8시 반경 여관을 나와 도쿄 우에노역에서 국철 전차를 타고 요요기 연병장에 관병식 예행연습을 보러갔다. 거사를 실행할 수 있는지 어떤지 확인하기 위해 현장을 방문한 것이다. 그러나 연병장에서는 도저히 거사를 결행할 수 없다는 것을 알았다. 왜냐하면 관병식을 거행하는 요요기 연병장은 너무 넓어서 일왕에게 접근하여 폭탄을 던질 수가 없기 때문이었다. 그래서 이봉창은 관병식장이 아닌 다른 장소를 생각하게 되었는데, 일왕이 관병식장으로 갈 때나 혹은 돌아올 때 거사를 한다는 것이었다. 이를 위해서는 일왕 일행이 지나가는 코스를 정확하게 알아둘 필요가 있었다. 그는 돌아가는 도중에 합승자동차 운전사로부터 도쿄헌병대본부 부관부 '육군헌병 조장 오바 젠케이大場全奎'라고 하는 명함 한 장을 받았다. 운선사가 밀하기를 자신은 그날 쉬는 날이 아니어서 관병식에 갈 수가 없다고 하면서 만약 이봉창이 가겠다면 명함을 주겠다고 하였다. 이에 이봉창은 헌병의 명함을 가지고 있으면 관병식장에 들어갈 수가 있을 뿐만 아니라 여러 가지 일에 도움이 될 것으로 생각하고 기꺼이 받아두었다.

　요요기 연병장에서의 연습을 보고 돌아가는 길에 일왕 일행이 지나가는 코스를 정확하게 알기 위해 신주쿠新宿 역 구내에서 도쿄 시내 지도를 한 장 샀다. 이봉창은 관병식 연습을 보고 오는 일왕에게 폭탄을 투척하기로 결정하였던 것이다. 그래서 그는 숙소를 바꾸기로 하고 그날 오후 4시 반경 오쿠하리야 여관을 나와 시타가야구下谷區 시모쿠루정下車坂町에 있는 아사히朝日 호텔에 '아사야마 쇼이치朝山昌一'라는 이름으로 투숙하였다.

　1월 7일 오전 10시경 호텔을 나온 이봉창은 베이비 골프장·마작구락부 등에서 시간을 보내다가 오후 5시 반경 호텔로 돌아왔다. 그리고 지하철 매점에서 산 엿상자에 폭탄을 한 개씩 종이로 싸서 보자기로 싼 뒤 이것을 가지고 도쿄 외곽의 가와자키시川崎市에 갔다. 이봉창이 거사 전날 도쿄 시내에서 자지 않고 시외의 가와자키시에 묵었던 것은 경찰의 검문에 걸리지 않기 위해서였다. 가와자키에서는 다마키로玉木樓라는 유곽에서 숙박하였다. 이때 이봉창은 다음날 비가 오면 천천히 깨워도 되지만 날씨가 맑으면 7시경 깨워 달라고 부탁을 하였는데, 비가 오면 야외행사인 관병식이 중지될 것이라는 것을 알고 있었다.

　그는 밤 12시경에 이웃에 있는 술집으로 갔는데, 그때 과자 파는 소녀가 들어오자 한국인임을 알고 출신이 어디인가를 물었다. 하지만 고향을 모른다고 해 부모의 고향쯤은 알아야 한다고 소녀를 꾸짖고, 유곽에 묵는 가격의 반이나 되는 돈을 소녀에게 주었다. 이봉창은 소녀가 내놓은 과자를 되돌려 주고 침묵을 지키고 있다가 술도 마시지 않고 새벽

1시 30분에 다마키로 유곽으로 돌아왔다.

육군관병식에는 일왕이 행차하기 때문에 경시청에서는 약 2천 명의 제복부대로 하여금 연도와 회장 주변을 경위토록 하였다. 그리고 83명의 사복을 입은 형사대로 하여금 행차 부근의 의심스러운 인물을 모두 검색하게 하였다. 또한 전날 밤부터는 각 치안기관에서 도쿄 관내의 음식점·여관·유곽·역 등 대중이 출입하고 잠복의 염려가 있는 장소와 신사·절·빈 집 등 경계를 요하는 시설에 검문을 하게 되어 있었다. 이와 같은 검문을 예상하고 거사 전날 도쿄를 벗어나 가와자키시에서 숙박한 이봉창의 용의주도함에 대해서는 일본경찰도 놀랐다.

일왕에게 폭탄을 던지다

1932년 1월 8일 아침 8시 이봉창은 다마키로 유곽을 나와 가와자키역에서 국철전차를 타고 도쿄 시내의 시나가와品川 역에서 내려, 8시 50분경 하라주쿠原宿로 가는 전철로 갈아탔다. 그가 하라주쿠역에 내린 것은 일왕이 육군시관병식장에 들어가고 나오는 것을 기다리다가 하라주쿠역 부근에서 폭탄을 던지려고 하였기 때문이다.

이봉창은 일왕 행렬이 지나갈 때를 기다리며 중국음식점에 들어가 아침식사를 하고 있는데 두 명의 형사가 들어왔다. 이봉창은 그들이 혹시 그를 미행한 것이 아닌가 하는 의심이 들었다. 그런데 형사는 식당 안주인에게 관병식을 보러 갈 사람이 있으면 가라고 초대권을 주면서 이것으로는 남쪽 출입구로만 들어갈 수 없다고 하였다. 거사를 거행하기 전 형사를 보고 기분이 나빠진 그는 기선을 제압하기로 하였다. 그래서 운전사로부터 받은 헌병의 명함을 보여 주고 물었다.

"이런 사람으로부터 초대되었는데 이 명함으로는 어디로 들어가는 것이 좋겠소?"

"이 명함이면 어디로든지 들어갈 수 있다."

형사는 그에 대한 의심을 풀고 식당 밖으로 나갔다.

이봉창은 형사들이 삼엄하게 경비를 서고 있는 하라주쿠 역 근처에서는 거사를 일으키기 어렵다고 판단하였다. 그는 국철을 타고 일왕 행렬이 지나갈 것으로 생각되는 요쓰야미츠케四谷見附로 갔다. 그러나 그곳에 도착하여 신문팔이 아이에게 일왕의 행렬이 지나가는지를 물었더니, 이곳을 지나가지 않고 아카사카미츠케赤坂見附로 지나간다고 했다. 그래서 이봉창은 다시 공동화장실로 가 보자기를 풀고 종이상자에서 폭탄을 꺼내 양쪽 주머니에 하나씩 폭탄을 넣고 아카사카미츠케로 갔다. 오전 10시경 아카사카미츠케에 도착하여 청소부에게 물으니 이미 일왕이 이곳을 통과하여 요요기연병장으로 향했다고 하였다. 관병식장으로 가는 일왕에게 폭탄을 투척하려고 하였는데 기회를 놓치고 말았던 것이다.

이렇게 되자 그는 관병식에서 돌아올 때를 기다리기로 하였다. 아카사카미츠케 부근의 히잇키一ツ木 식당으로 들어가 음식을 먹으며 대기하다가 11시 40분경 식당을 나왔다. 그랬더니 일왕의 행렬이 통과하여 그 맨 마지막 행렬이 길모퉁이를 돌아가고 있었다. 이때 그는 또 기회를 놓쳤구나 생각하고 다음을 기약하기로 하였다. 그런데 청소부 감독인 듯

한 사람에게 물었더니 행렬은 우회하여 가기 때문에 지름길로 가면 행렬을 볼 수 있을 것이라고 하였다. 그래서 바로 택시를 잡아타고 가다가 그만 순사에게 정지를 당했기 때문에 택시에서 내려서 뛰어갈 수밖에 없었다. 택시에서 내려 경시청의 북쪽 현관 근처까지 뛰어갔으나 또 다시 정복 순사에게 저지를 당했다. 이에 그는 자신이 소지하고 있던 헌병 명함을 꺼내 보여주며 말을 했다.

"실은 이 분의 초대를 받고 관병식을 보러 갈 예정이었으나 시간을 대지 못했기 때문에 행렬만이라도 잠깐 보고 싶습니다."

순사는 처음에 안된다고 하더니 생각을 바꾸어 통과시켜 주어 결국 이봉창은 경시청 정문까지 가게 되었던 것이다. 그곳에는 일왕의 행렬을 보기 위해 많은 인파로 겹겹이 쌓여 있었다.

이봉창은 인파를 뚫고 나아가 일왕의 행렬을 기다렸다. 이봉창이 가쁜 숨을 고르고 있을 때 첫 번째 마차를 의장대가 선도하고 있었는데 한 사람만이 타고 있어 일왕이 아닌 것으로 판단하였다. 두 번째 마차가 앞을 지날 때 이봉창은 분명히 두 번째 마차에 일왕이 타고 있다고 생각하고 오른쪽 주머니에 있던 폭탄을 꺼내어 던졌다. 그가 폭탄을 던지려고 할 때 경시청 앞 아스팔트 인도 위에는 5~6열의 사람들이 서 있었다. 이봉창은 두 번째 마차를 향하여 폭탄을 던지려는 순간 18미터 정도로 약간 거리가 멀다고 느꼈지만 자신이 충분히 던질 수 있다고 생각하고 힘껏 던졌다.

이봉창은 김구가 상해의 여관에서 일러 준대로 폭탄은 머리 쪽이 무겁기 때문에 높이 던지면 저절로 아래로 향해 떨어지도록 던졌던 것이

이봉창 동상

다. 그가 폭탄을 던진 정확한 시간은 1932년 1월 8일 오전 11시 44~45분이었고, 폭탄은 두 번째 마차의 뒤쪽 마부가 서 있는 대轝에 떨어졌다.

폭탄의 터지는 소리가 엄청나게 컸기 때문에 마차가 박살났을 것으로 생각했지만 별다른 상해를 입히지 못한 것을 확인한 이봉창은 '실패했구나'라는 생각이 들었다. 머리가 멍해지면서 왼쪽 주머니의 폭탄을 던지는 것을 잊어 버렸다. 폭탄이 터지자 주위의 참관자들은 모두 흩어졌고 두 번째 마차는 그대로 달려가고 있었다. 폭탄의 파편은 마차 몸통 아래에 1개의 구멍을 내고 약간의 손상을 주고, 수행하던 기수와 근위기병이 탄 말 각 1필에 약간의 창상을 입혔을 뿐이었다.

김구는 이봉창에게 폭탄이 6~7칸(10.8~12.6m) 내에 있는 모든 것들을 파괴하는 무서운 위력을 가졌다고 말을 하였다. 이봉창이 투척한 폭탄은 굉음을 내고 폭발하였지만, 결과를 확인하기 위해 5~6보 앞으로 가 살펴보니 마차도 의장병들도 아무런 이상이 없었던 것이다. 폭탄의 폭발음으로 사방에 있던 사람들이 흩어지고 제복을 입은 순사가 그의 뒤에 있는 작업복 비슷한 무명옷을 입은 남자를 체포해 경시청으로 데

현장 지도

이봉창 투탄 의거지(경시청 앞)

이봉창 투탄 의거지(사쿠라다몬 앞 거리)

이봉창이 폭탄을 던지려고 한 일왕 히로히토의 마차

리고 가려고 했다. 그러자 이봉창은 엉뚱한 사람이 잡혀가는 것을 보고 "아니다. 나다"라고 말하며 자신이 범인임을 밝혔고, 순사에게 체포되어 경시청으로 연행되었다. 이봉창은 "할 일을 하고 나서 남에게 죄를 씌우는 것은 옳지 않다"고 생각하고, 자진해서 순사와 헌병에게 붙잡혔다. 그가 체포될 때 얼마나 침착했던지 "숨지 않을 테니 난폭하게 굴지 말라"고 말할 정도였다.

일왕 히로히토는 첫 번째 마차를 타고 이미 지나간 뒤였고, 이봉창이 일왕이 타고 있을 것이라고 생각한 두 번째 마차는 일왕을 수행하던 궁내대신 이치키 기토쿠로一木喜德郎가 타고 있었다. 궁내대신이 탄 그 마차는 길이 2칸 반, 폭이 5척 5촌, 높이가 8척으로, 앞뒤 좌우에 1개씩의 바퀴가 달렸으며 앞차축의 위에는 마부가, 뒤차축의 위에는 '사인대仕人

臺'가 있었다. 이봉창이 던진 폭탄으로 인해 마차의 왼쪽 뒷바퀴와 차상車箱 뒤편 왼쪽 하반부가 일부 손상되었고, 차상 바닥의 판에 구멍이 뚫리면서 걸상 뒤쪽 중앙 판자가 일부 부서졌을 뿐이었다.

그런데 폭탄 투척장소에 대해 일본정부는 '사쿠라다몬 밖櫻田門外'이라고 발표하였다. 그리하여 이 사건은 '사쿠라다몬외 사건櫻田門外事件', '외사쿠라다몬 사건外櫻田門事件', '사쿠라다몬 사건櫻田門事件' 등으로 불렸다. 그러나 실제 거사 장소는 사쿠라다몬과 가까이 있었던 것이 아니고 경시청 청사 정문 현관 앞이었다. 당연히 거사의 발생지를 사건명으로 붙인다면 '경시청 앞 사건'이라고 해야 할 것이다. 거사 당일의 첫 발표문에도 '도쿄시 고오지마찌구麴町區 소도시사쿠라다몬정外櫻田門町 1번지 경시청 현관 앞'으로 되어 있었다. 그런데 이틀 후부터 사쿠라다몬으로 부르게 했다. 일본 경시청은 1926년 10월부터 수도 경비의 총지휘처로 궁성 바로 옆의 소도시사쿠라다몬정 1번지 3,763평의 부지에 5년 걸려서 총건평 8,852평의 6층 건물로 된 청사를 지어 1931년 5월 29일 준공하였다. 일본정부는 일왕의 경비를 총지휘하는 경시청 앞에서 거사가 일어났다는 것이 매우 부담스러웠던지, 경시청 현관 앞과는 거리가 떨어진 '사쿠라다몬 사건'이라고 명명하였던 것이다.

08 일제의 신문에 당당히 맞서다

배후 인물로 지목된 김구

이봉창은 거사 현장에서 체포되어 경시청으로 연행되었다. 그는 경시청 수사 2과장 이시모리 아사오石森勳夫 방에서 바지 주머니에 있던 폭탄 한 개와 도쿄 지도, 현금 등을 내놓았다.

일제는 이 의거를 즉시 '불경사건不敬事件'으로 규정하였다. 이 때문에 경시청에 잡혀온 이봉창은 형사부장실에서 일절 외부와 연락이 차단된 가운데 도쿄지방재판소의 미야기 나가고로宮城長五郎 검사정으로부터 취조를 받았다. 이 취조는 검찰이 대심원에 예심을 청구하는 데 필요한 사건 보고서를 작성하기 위한 것이었다. 검찰은 사건보고서가 작성되자마자 이봉창을 형법 제73조에 규정된 '황실에 대한 범죄자', 즉 '대역죄大逆罪'로 대심원에 예심을 청구했다. 1923년 일왕에게 위해를 가한 난바 다이스케難波大助 사건과 같이 '대역죄'로 다루어야 한다는 것이 결정되었던 것이다. '대역죄'는 일반 범죄와는 차원이 다른 것이었다. 그래서 이봉창의거에 대해 일제 검찰은 대심원에 예심을 청구하였다.

검찰의 요청에 따라 대심원에서는 도쿄지방재판소 아키야마 다카히코秋山高彦를 예심판사로 지명하였고, 예심판사에 의해 그날 오후 2시 35분부터 4시 25분까지 약 두 시간에 걸쳐 거사현장에 대한 검증을 실시하였다. 그리고 일제 경찰은 곧바로 이봉창의 본명과 본적·주소·가족관계 등을 알아내기 위해 신원을 조회하였다. 현재 남아 있는 일제의 정보문서에 따르면, 1월 8일 11시 10분경 경무국장이 한국에 있는 함경북도 경찰부장에게 이봉창의 신원을 조회하는 전보를 보냈고, 이를 받은 함경북도 경찰부에서는 청진에 사는 그의 형 이범태를 통해 기초적인 정보를 파악하여 다음 날 오전 1시에 이봉창의 신원을 조회하여 회신을 하였다.

또한 '동경의거'를 결행하기 전 이봉창이 중국 상해에서 들어왔기 때문에 경시청에서는 형사부장이 상해 일본총영사관 경찰서장에게 전보를 보내 그의 신원을 확인해 달라고 요청하였다. 일제의 정보업무를 총괄하던 경보국장도 상해 총영사관 사무관에게 같은 내용의 전보를 쳤다. 이처럼 일제의 경찰과 정보당국은 이봉창의 신원과 정보를 파악하기 위해 혈안이 되었다.

의거 직후 이봉창은 경시청 형사부장실에서 도쿄지방재판소의 아키야마 다카히코 예심담당판사로부터 첫 신문을 받게 되었는데, 이봉창의 이름·나이·거주지·본적·출생지 등 기본적인 사항에 대한 것만 물었다. 이봉창은 경찰에 체포되어 경시청에 왔을 때까지 자신이 일왕의 마차에 폭탄을 던졌다고 생각했다. 그런데 경시청에 와서 신문 호외를 보고 그 마차에는 일왕이 타고 있지 않았다는 사실을 알게 되었던 것이다.

이봉창에 대한 공식 취조는 1월 8일 오후 3시 50분에 시작되었다. 경시청 형사부장 자리에서 외부와의 연락을 일체 차단하고 검사가 직접 취조하였는데 그 결과를 다음과 같이 기록해 놓았다.

범인은 언어가 명석하여 일본인과 다름이 없고, 태도는 태연하여 처음 부터 끝까지 미소를 띄우고, 이런 중대한 범행을 저질렀음에도 불구하 고 반성하는 관념은 털끝만큼도 없다. 1928년(소화 3) 11월에 거행된 즉 위식을 참관하기 위해 교토로 갔을 때 조선인이라는 이유로 무고하게 10 일간이나 유치된 것에 분개하여 사상의 변화를 일으키고 1930년 11월에 상해로 가서 중국인 경영의 레코드회사 영창공사에서 근무하고, 백정선 으로부터 300원을 받아 1931년 12월 23일에 도쿄로 왔고, 1932년 1월 4일에 백정선으로부터 은행을 통해 다시 100원의 송금을 받고, 7일 아 사히여관을 떠나 가나가와현 가와사키의 유곽에서 묵고, 8일 오전 8시에 전차로 하라주쿠에 도착하고, 검색이 심해 거사에 불리함을 알고 전차로 요쓰야역으로 가고, 다시 경시청 앞으로 가서 천황에게 폭탄을 던졌다.

1월 9일 수사관이 경시청 「요주의급요시찰인要注意及要視察人 카드」를 보이니 "586호의 사진이 선명치 않으나 백정선이 틀림없다"고 대답하 였다. 카드번호 586호는 김구에 관한 것이었다. 그러나 이봉창은 끝내 '김구'라는 이름을 올리지 않았고 오직 '백정선'의 지시를 받았다고 주 장하였다. 일제의 정보당국은 자료로는 도무지 알 수 없는 '백정선'이라는 인물에 대해 상해 일본총영사관에 전보로 그에 대한 정보를 파악해 달라고 하였다. 그러자 상해에서는 백정선은 그 인상·연령·주소 기타 주위의 상황으로 미루어 보아 김구가 틀림없다고 보고하였다.

이같은 보고를 받은 일제의 경시청에서는 경부 두 명을 중국 상해로 파견하였다. 그리고 일제의 사법성에서도 도쿄지방재판소 검사국의 검사사무 취급검사 카메야마 신이치龜山愼一를 상해에 파견하였다. 상해의 일본총영사관에서도 거사 전인 1월 5일 김구를 체포하기 위해 임시정부 청사를 수색했지만 체포에는 실패하고 말았다. '동경의거' 직후 배후가 '김구'라는 것을 확신하고 그에 대한 체포에 착수하는 한편, 프랑스조계 당국에도 그의 체포에 협조해 달라고 요구하였다. 무라이 구라마쓰村井倉松 상해총영사는 거사 다음 날인 1월 9일 프랑스 총영사 게쿠랑과 회견하고 김구 등 임시정부 요인들을 체포하여 인도해 줄 것을 요구하였고, 같은 날 총영사관의 아카키赤木 사무관과 스기무라杉村 경부도 프랑스조계의 정치부장 사라레이를 만나 조계 경찰의 협력을 구하였다.

이같은 일본의 강경한 요구에 프랑스 당국도 겉으로는 김구의 체포에 적극 협조하는 것처럼 행동하였지만 내부적으로는 임시정부에 주의를 당부하였다. 프랑스 경찰은 일제 측의 요구가 있어 종래와 같이 임시정부를 비호하기 어려운 사정에 있다고 하면서, 차제에 각자가 충분히 자중 경계하여 불행한 결과를 보지 않도록 주의해 달라고 두 번에 걸쳐 경고 메시지를 보내왔다. 일제도 프랑스 당국에 커다란 기대를 가지고 있지는 않았던 것 같다. 당시 일제의 문서에도 김구의 체포에 대해 프랑스 경찰로부터 적극적인 협력을 기대하기는 어렵다고 인식하고 있었던 것이다.

　프랑스 당국이 김구의 체포에 적극 협조하지 않는 이유는 일본 내에서 베트남 독립운동을 단속하지 않고 있을 뿐만 아니라 망명한 쿠옹데 왕자Prince Cuong Dé를 일본정부가 비호하고 있었기 때문이었다. 중국주재 프랑스 공사관에서는 일본정부가 제공하지 않는 한 프랑스도 그가 요청한 것과 같은 난처한 성격의 도움을 주기 어려움을 일본공사에게 이해시켰다면서, 프랑스로서는 한국 독립운동을 통해 일본 내에 있는 베트남 독립운동 단속 요구의 책략으로 이용하려는 의도가 있었다.

　당시 일제는 상해에 파견된 카메야마 검사의 지휘하에 총영사관 경찰들이 모든 정보망을 가동하여 김구를 찾는 데에 온갖 노력을 다하였다. 이때 김구는 프랑스조계 내에서 일제의 감시망을 피해 숨어 있었다. 일제의 정보자료에 따르면, 김구와 조소앙·박창세·이수봉 등 4명이 남경으로 도망하려 한다는 정보를 입수하고 일경들이 2월 16~17일 이틀 동안 정거장에 잠복해 있었다. 또한 김구가 프랑스조계 김신부로金神父路 북신신리北新新里 17호 혹은 18호에 있다는 정보를 듣고 경찰들이 변장하고 미행하였지만 단서를 잡지 못하였다. 김구의 행방을 찾으려고 하였지만 도무지 찾을 수가 없자 상해의 일본총영사관에서는 프랑스 경찰청 총장 후이오리에게 김구의 체포에 협력해 달라고 재차 부탁하였다.

　김구는 중국여관 등 거처를 옮겨 다닌다는 소문이 있었지만, 일제로서도 확실한 정보를 얻지 못하고 프랑스 조계 내에 있으면서 임시정부 일을 계속하고 있다는 소문만 입수하는 정도였다. 2월 23일에는 서문로西門路 123호에 있는 미신美新이발소 앞에 나타났다는 소문도 있었고, 26

일 오전 11시 반 서문로 226호 김홍일의 집에서 함께 점심을 먹었다는 정보도 있었다. 이 무렵 김구는 이봉창의거 이후 또 다른 거사를 준비하느라 분주하게 움직이고 있었던 것이다.

일제는 카메야마 검사의 체류기간을 연장하며 김구를 찾는 데에 전력을 쏟았지만 행방을 추적할 수가 없었다. 이에 일본 사법성에서는 검사국의 고다 마사타케吉田正武 검사와 다시 카메야마 신이치 검사를 다시 상해에 보내 이봉창의 행적을 조사하면서 김구의 체포에도 노력을 다였다.

이봉창의거 이후 김구는 여러 곳을 전전하며 숨어 다녔기 때문에 임시정부 요원들조차도 그의 행방에 대해 정확히 알지 못하였고, 다만 그의 최측근인 김철·엄항섭·안공근 세 명만이 알고 있었을 뿐이다. 그런데, 김구는 홍구공원의거를 앞두고는 주로 프랑스조계 내의 환용로環龍路 118의 19호 러시아인 아스타호프 여사Mrs. Astahoff의 집 안쪽 2층에서 엄항섭과 함께 기거하고 있었다. 그곳에 숨어 있으면서 필요한 정보는 한국독립당 집행위원 김철의 조카인 김덕근金德根에게 부탁하여 전달받았다.

'동경의거' 직후 국내의 반향

이봉창의거에 대한 일세의 관심은 의거 자체에 대한 것이 아니라 의거가 미칠 파장에 있었다. 그 때문에 의거가 발생하자마자 일제는 각의를 열어 의거 관련 보도를 금지하고, 특히 범행장소·폭탄 작렬사실 등은 절대 외부에 누설되지 않도록 의결하였다. 그럼에도 불구하고 일왕을 목표로 하였기 때문에 외부에 알려지지 않을 수가 없었다. 그 때문에 일제 경찰은 의거가 발발하자마자 국내외 각 지역 여론의 동향을 주시하였다. 의거 발발 직후 내무성은 1월 8일 오후 각 지방 장관들에게 '유언비어'를 단속하여 인심 동요를 방지하라고 지시했다. 그 내용은 『동아일보』를 비롯하여 『조선일보』·『매일신보』 1월 10일자에 「유언비어 취체」라는 제목으로 실렸다.

국내의 조선총독부는 경무국에서 먼저 각 지방의 민심 동향 파악을 지시하였던 것으로 보인다. 이 문제와 관련해서는 1월 9일 강원도경찰부에서 경무국에 보낸 「강원도 민심 동향」이라는 문서의 다음 대목을 주목할 필요가 있다.

> 어젯밤 도쿄방송국 뉴스 및 신문 전보 등에 의해 불경사건의 개략적 상황이 관내 주요지樞要地에 전해졌는 바, 부민部民은 모두 황공하게 생각하며 일본인들은 지존至尊에 대한 악역무도惡逆無道한 행위에 대해 매우 분격하고 있음. 조선인들은 아직 이에 대해 아는 자가 극히 적으며 따라서 특이한 동정은 눈에 안 뜨이나 앞으로 일반 민중이 알게 되면 여러 가지 책동이 없을 것이라는 보장이 어렵기 때문에 엄중 경계 중이며 우선 보고 드리는 바임.

위의 일제 자료는 이봉창의거에 따른 한국인들의 동향에 대해 상당히 많은 정보를 담고 있다. 첫째로, 의거가 발생하자 곧바로 1월 8일 밤 국내에 있던 일본인들을 포함한 소수의 한국인들이 도쿄의 방송국 뉴스 및 신문 전보를 통해 사건에 대해 개략적으로 알고 있었다는 점이다. 둘째로, 만일 대부분의 한국인들이 의거에 대해 알게 되면 여론이 높아져 또 다른 독립운동으로 발전할 가능성을 우려하고 있다는 것이다. 셋째로, 일제 경찰은 이봉창의거를 단순한 일회적 사건으로 파악하지 않았기 때문에 매우 경계를 하고 있었다는 점이다.

위의 사실에 근거하여, 여론의 동향을 살펴볼 필요가 있다. 이봉창의거에 대해 한국인들은 언제·어떻게·무엇을 통해 알았는지를 알 필요가 있다. 왜냐하면 대부분의 한국인들이 의거에 대해 개략적이나마 인지한 시점에서 그에 대한 반향이 나타났기 때문이다. 1월 8일, 9일자 『동아일보』호외와 『조선일보』1월 9일자를 통해 의거가 일어났다는 사실이 보도되었다. 하지만 당시 신문을 접하기 어려웠던 대부분의 한국인들에게 의거 소식이 전해지는 것은 좀 더 시간이 걸렸을 것이며, 1월 10일과 11일 신문 기사 보도를 통해 '동경의거'에 대한 개략적인 내용이 알려졌을 것으로 판단된다.

그렇지만 당시 한국에는 신문 보급율이 매우 낮았기 때문에 신문기사를 통해 이봉창의거 소식이 널리 알려졌을 가능성은 낮다. 따라서 일제의 보도통제하에서 일제가 '조언비어造言蜚(飛)語', 혹은 '불온언동不穩言動'이라고 불렀던 '유언비어'를 통해 전해졌다고 생각된다. 일제의 필사적인 통제에도 불구하고 유언비어는 '무서운 전파력'으로 퍼졌다. 입과 입을 통해 전달되는 유언비어는 그 특성상 사실의 정확한 전달보다는 그것이 가지는 의미가 확대되는 경향이 있다. 그러면, 이봉창의거 이후 어떤 유언비어가 나돌았는지를 어떻게 알 수 있을까. 이를 밝힐 수 있는 자료가 남아 있지 않기 때문에 구체적 내용 파악은 불가능하다.

따라서 이봉창의거 이후 신문기사에 유언비어·조언비어·불온언동·'민심' 혹은 '천심'으로 표현된 것이 여론의 표현이라고 가정하고 이에 대해 추적해 보면 이봉창의거를 전후한 시기 국내에는 이른바 '유언비어'가 비등하였음을 알 수 있을 것이다.

특히 만주사변 이후 시국이 격변하면서 이봉창의거가 일어난 1932년은 일제로서도 파시즘으로 변해 가는 격변기에 놓여 있었다. 그런 가운데 1월 8일 이봉창의거가 일어나면서 이누카이犬養毅 내각은 야당인 민정당民政黨의 공격을 받게 되었고, 1월 중의원을 해산하고 2월에 총선거를 실시하게 되었다. 총선거에서 이누카이의 정우회政友會가 대승을 거두면서 더욱 파시즘적인 경향은 두드러져 갔다. 이누카이 내각은 이봉창의거를 빌미로 민중을 탄압하기 위해 특별고등경찰의 대대적인 기구확장에 착수하였다. 그래서 경시청 특고과特高課를 특고부特高部로 승격시켰으며, 각 부·현에도 특고과를 두어 민중탄압을 더욱 강화하였다.

하지만 일본의 정국을 담당하고 있었던 이누카이가 1932년 5월 15일에 암살되었다. 이누카이의 암살은 일본에서 의회정치의 종말과 군국주의 도래를 뜻하는 것이었으며, 이것은 일본이 긴 전쟁과 침략, 그리고 멸망으로 가는 단초를 열었다. 이에 따라 이봉창에 대한 특별공판이 열리던 9월 16일 일제경찰은 새벽부터 여관·음식점, 기타 중요지대를 수색하고 요주의 인물에 대한 집중적인 검색을 하였다. 그리고 이봉창의 사형이 집행된 직후 10월 10일 총독부에서는 우카키 잇세이宇垣一成 총독이 이른바 '민심 진작에 관한 성명서'를 발표하였다. 이 성명서는 일반 민중의 주의를 환기할 목적으로 발표한 것이지만, 실제로는 일제가 한국민의 항일의식이 일어날까 두려워하여 일으킨 관제운동이었다.

이봉창의거에 가장 긴장한 것은 물론 일본정부였지만, 이에 못지 않게 민감하게 반응한 측은 일제 통치에 적극적으로 협력하였던 세력들이다. 의거 이후 이들은 일왕을 대상으로 의거를 일으킨 인물이 '한국인'이라는 사실에 대해 매우 놀라고 그로 인해 자신들의 입장이 난처한 지경에 처하지 않을까 염려하였다. 따라서 친일세력들은 의거의 영향으로 자신들에게 미칠 피해를 사전에 차단하기 위해 당시의 여론을 덮으려는 모습을 보인다.

의거가 일어나자마자 일본에 있던 친일세력들은 즉각적으로 대응하였다. 우선 국내 신문을 통해 살펴보면, "이왕전하께옵서는 8일 오후 1시 20분 궁중에 참내參內하여 천기天機를 봉사奉伺하였다"라는 기사가 보인다. 이 기사를 통해 의거 발발 직후 일본에 있었던 영친왕이 곧바로 일왕을 찾아갔다는 것을 알 수 있다. 그리고 재일 친일파의 대표격인 상애회相愛會의 박춘금朴春琴은 1월 8일 궁내성을 비롯한 여러 일본 고위층을 방문하여 불경범인이 조선인인 데에 송구하다고 사과하였다. 그는 9일 친일단체 상애회 회원 120명을 소집하여 궁성 입구인 니쥬바시二重橋에 도열하고 "우리 동포 가운데 이와 같은 불령자不逞者가 나온 것에 대해 폐하에게 충심으로 사과의 말씀을 드린다"고 사죄하였다.

국내에 있던 친일세력들의 동향은 더욱 적극적이었다. 동민회同民會를 중심으로 한 친일세력들은 1월 9일 낮 서울의 요정 식도원食道園에 모여 이봉창의거와 관련하여 사죄하기로 결정하였다. 한상룡·박영철·신

이봉창의거에 대한 친일파들의 모임 신문기사(『매일신보』 1932년 1월 10일자)

석린·조성근·김명준·민대식·박승직 등 35명의 친일파들은 이봉창
의거에 대한 사죄의 뜻으로 근신하겠다는 「결의문」을 발표하였다. 그
리고 「봉위문奉慰文」을 전보로 총리대신·척무대신·궁내대신·조선총독
등에게 보냈다.

"어제 갑자기 발생한 불경사건에 대해 매우 송구한 마음을 어찌할
바 모르겠으며 적성赤誠으로써 근신의 뜻을 올린다."

또한 친일파의 거두 한상룡은 이봉창의거에 대해 대단히 미안하게
여겼다.

"불경사건으로 공구恐懼의 염念을 금치 못한다. 특히 범인이 조선사람
이라 함을 들을 시에 더욱 황공무지惶恐無地이다."

친일파들의 이같은 행동은 우선 자신들에게 불이익이 없게 하려는 의도가 있었다고 볼 수 있고, 나아가 이봉창의거가 미치는 영향을 사전에 차단하려 하였다고도 볼 수 있다. 왜냐하면 만주사변 이후 가라앉아 있던 독립운동계에 이봉창의거로 인해 한국인들에게 독립의식을 일깨우는 계기가 될 수 있었기 때문이다.

일본 내각 총사퇴

이봉창의 '동경의거'가 일어나기 전에 국제정세는 매우 복잡한 양상으로 흘러갔다. 1931년 9월 18일 관동군 장교들이 유조호柳條湖 부근에서 일본이 운영하는 남만주철도 노선을 일부러 폭파하고는 장학량의 병사들과 무장한 비적들에게 죄를 덮어씌웠다. 사건을 조작한 관동군 참모 이타가키 세이시로板垣征四郎는 봉천 시내에 주둔한 동북변방군 병영을 공격하라고 독립수비대와 보병 제29연대에 명령을 내렸다. 이로써 남만주철도 노선상의 전략 거점들을 장악하는 만주사변으로 발전했던 것이다.

만주사변이 일어나자 중국은 국제연맹에 원상 복귀를 요구했으며, 제네바에서 국제연맹 이사회의 특별위원회가 소집되었다. 국제연맹 이사회에서는 11월 16일까지 점령지에서 부대를 철수할 것을 일본에 요구하는 결의를 가결하였다. 국제적으로 일본의 침략을 비판하는 여론이 고조되었으나, 일본은 언론을 통해 여론을 조작하여 관동군을 지지하고 중국과 서양을 비난했다.

군부의 세력을 통제하지 못한 와카쓰키 레이지로若槻禮次郎로 내각은 그해 12월 11일에 총사퇴를 했다. 와카쓰키는 군부 통제에 실패했고, 불황을 타개하지 못했으며, 결정적으로 궁중세력의 지지를 유지하는 데 실패했다. 만주사변으로 인해 국수주의적인 정우회가 차기 내각을 맡게 된 것이다. 정우회 총재 이누카이 쓰요시는 1930년 런던 해군감축조약 체결을 반대했으며 나중에는 만주사변의 정당성을 역설했고, 만주사변에 대한 국제연맹의 권고를 공식 거절했다. 이누카이는 천진天津에 2개 대대를, 만주에 1개 여단을 추가 파병하고 금주錦州를 점령하였다. 이에 일왕 히로히토는 1932년 「군인칙유 50주년 기념일에 육해군에 내리는 칙어」를 발포하고, 나흘 후 「관동군에 내리는 칙어」를 통해 관동군이 "황군의 위력을 나라 안팎에 선양했다"고 칭송했다.

이봉창의거가 있은 뒤 일본정부는 각의를 열어 거사 사실을 외부에 절대로 알리지 못하게 하고, 간사이關西 지방을 여행 중인 미쓰치 주우조우三土忠造 · 스즈키 기사부로鈴木喜三郎 · 마에다 요네죠前田米藏 등 세 대신에 대해 도쿄로 돌아오라고 급전을 쳤다.

이봉창의 폭탄 투척으로 일왕 히로히토도 매우 놀란 것 같다. 『재팬타임즈』 1932년 1월 12일자에 실린 기사를 통해 그러한 정황을 짐작할 수 있다.

"천황은 궁중 현소賢所에서 의식을 거행하고 이세신궁伊勢神宮과 나라奈郎의 신무천황릉神武天皇陵에 칙사를 파견하여, 암살 위기를 모면했음을 황조황종에 고했다."

이봉창의 거사가 있은 직후 궁성으로 돌아간 일왕은 점심을 막 끝내

자 시종장 스즈키 간다로鈴木貫太郎 대장이 허리를 굽히고 말했다.

"폐하 오늘은 죄송합니다. 범인은 조선인으로 이봉창이라는 자입니다."

그러자 히로히토가 말했다.

"아! 그는 독립당원이겠지!"

언론에서는 "천황이 폭발로 부상을 입은 말 두 필에게 감사의 마음을 담은 인삼 3.5킬로그램을 하사하셨다"고 보도하여 일왕은 대외적으로 이봉창의거가 별 것이 아니었음을 보이고자 하였다.

사건이 일어난 후 이누카이 총리대신은 내각의 총사직서를 즉각 제출하지 못하였다. 왜냐하면 1923년 12월 27일 일왕에게 위해를 가한 난바 다이스케 때 야마모토山本權兵衛 내각이 총사직한 것과 같이 내각이 총사직해야만 한다는 의견과, 일왕에게 직접적인 이상이 없었기 때문에 실무책임자인 경시총감·경무부장 등 경위 관계자들만 징계처분을 내려야 한다는 의견이 갈라져 있었기 때문이었다. 이와 같이 총사퇴 문제로 우왕좌왕하다가 사건이 발생한 지 몇 시간이 지난 오후 5시 12분에야 내각 총사직서를 제출하였다.

총사직서를 받은 히로히토로서는 어려운 판단을 내려야만 했다. 이누카이 내각의 총사직서를 받은 일왕은 스즈키 간다로 시종장을 오키쓰興津에 있는 자신의 고문 사이온지 긴모치西園寺公望에게 보내 자문을 구하였다. 이봉창의 거사가 있기 전 해인 1931년 4월 13일에 하마구치 오사치浜口雄幸 내각이 총사퇴하고 와카쓰키 레이지로 내각이 성립하였으나 이것도 8개월 만에 총사퇴하였다. 그리고 그해 12월에 이누카이 내각이

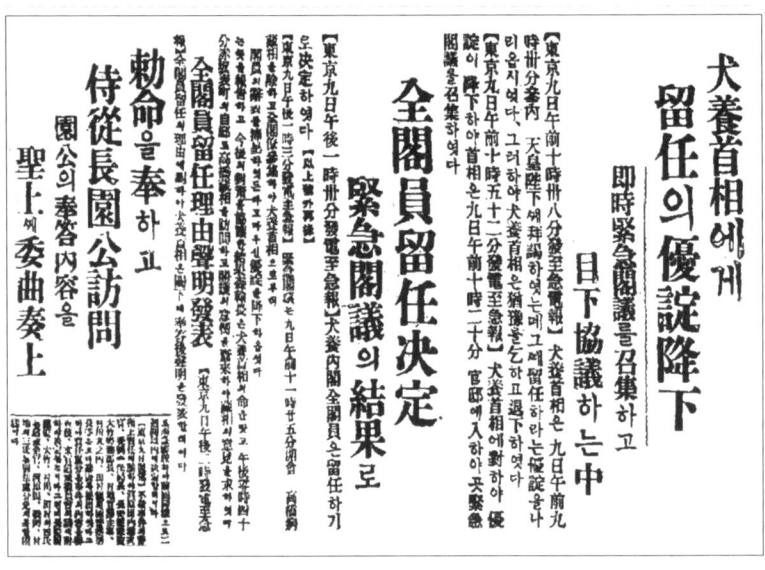

이봉창의거로 이누카이 내각이 총사직하였다가 다시 유임되었다는 기사와 의거에 책임이 있는 사람들을 처벌하라는 『매일신보』 보도(1932년 1월 10일)

성립되었는데 한 달도 못되어 이봉창의거가 일어난 것이다.

이누카이 내각이 다시 총사퇴를 한다면 빈번한 정부교체로 인해 정치적 불안이 가중될 것이 분명하였기 때문에 히로히토의 고민은 여기에 있었다. 자신에게 폭탄을 던진 이봉창을 용서를 할 수는 없지만 그것으로 인해 내각이 총사퇴를 한다면 더 큰 정치적 부담을 떠안게 되는 것이었다.

이누카이 내각은 후계 총리대신을 추천하는 원로들의 '유임건의'를 받아들이는 형식으로 유임이 결정되었다. 하지만 야당인 민정당民政黨에서 내각의 유임을 비판하면서 이누카이 내각의 사퇴와 정부의 탄핵을 주장하였다. 정부의 탄핵안이 제기되면서 일본 정계는 파란에 휩싸였고 곤경에 처한 이누카이는 1932년 1월 22일 중의원을 해산시키고 말았다. 군부내의 이른바 '황도파皇道派'가 부상하여 극우적인 분위기가 크게 상승하였고, 결국 1932년 5월 15일 극우세력인 해군의 청년 장교들에게 이누카이 수상이 암살을 당하였다. 이누카이의 암살을 계기로 일본의 정당정치는 사실상 붕괴되었고, 극우세력인 군부가 등장하여 국권을 좌우하게 되었다.

'동경의거' 이후 일본정부는 문관고등징계위원회를 열어 관련 책임자에 대한 징계 처분을 하였다. 경시총감 죠우 엔렌長延連이 휴직 처분을 당하였으며, 도쿄부지사 하세가와 큐우이치長谷川久一를 경시총감에 임명하였다. 그리고 경시청 경무부장 다케다 이치로大竹一郎는 책임을 지고 사표를 제출하였고, 고지마치 경찰서 다무라田村英雄, 경보국장 모리오카 지로森岡二郎 등 관련자들이 징계 처분을 받았다. 그리고 육군에도 징계 처분이 내려졌고, 징계는 이봉창이 활동했던 각 지방에까지 미쳤다.

09 '동경의거'가 상해사변을 일으키다

중국 신문의 호의적인 '동경의거' 보도

'동경의거'가 일어난 바로 그날 저녁 도쿄에서 발신된 통신이 전 세계로 퍼져나갔다. 중국 각 도시의 신문에서도 바로 다음 날 그 소식을 크게 보도하였는데 한결같이 이봉창의 거사를 호의적으로 보도하였다.

중국의 신문들이 이봉창의거에 대해 보도하기 시작한 것은 거사 다음 날인 1월 9일부터였다. 중국 신문에는 히로히토 일왕에 대한 거사가 실패로 끝난 것에 유감을 표명하는 기사가 실렸고, 일본인 거류민들이 이에 격분하여 긴장감이 고조되면서 1월 말까지 이봉창의거에 대한 보도와 함께 그 여파에 대한 보도가 이어졌다. 『민국일보民國日報』·『신보申報』·『시보時報』·『시사신보時事新報』 등 상해에서 발행되던 신문들은 주로 도쿄전東京電과 로이터통신의 전보를, 남경에서 발행되던 『중앙일보中央日報』는 중앙사통신과 국제통신을, 천진에서 발행된 『대공보大公報』는 신련전新聯電을 이용하여 보도하고 있었다.

韓人狙擊日皇不中

中副車　未傷人　當場被捕

受印度自士運動感動謀韓國復國

犬養殺內閣引咎總辭職

이봉창의거에 관한 최초의 중국신문 보도(『시사신보』 1932년 1월 9일)

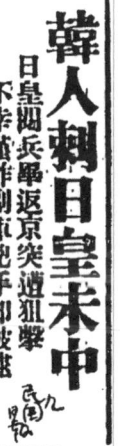

韓人刺日皇未中

犬養殺內閣全體引咎辭職

日皇閱兵畢返京突遭狙擊
不幸僅傷副車兇手卽被逮

이봉창 중국 언론 보도(『중앙일보』 1932년 1월 11일)

青島日領抗議

青島民國日報載韓人謀炸日皇事

청도 일본영사의 항의 기사
(1932년 1월 12일)

중국의 각 신문들이 1월 9일자로 보도한 첫 기사는 크게 세 가지에 초점을 맞추고 있다.

첫째는 한인이 일왕에게 폭탄을 던졌으나 적중하지 못했다는 것, 둘째로 폭탄을 투척한 한인은 현장에서 체포되었다는 것, 셋째로 일본의 이누카이 내각이 총사퇴하였다는 내용이었다.

특히 중국 국민당 정부의 기관지 성격을 가진 상해판 『민국일보』 1932년 1월 9일자는 '한인자일황미중韓人刺日皇未中'이라는 표제어와는 내용이 조금 다른 기사를 내보냈다.

"한인이 일황을 저격하였으나 적중하지 않았다. 일황이 열병을 마치고 도쿄로 돌아가다가 갑자기 저격을 받았으나 불행히 부차副車가 조금 터졌다. 범인은 곧 체포되었다."

이 기사에서는 불행하게도 일왕이 탄 마차가 아니라 수행하던 마차에 터졌다는 것이다. 이같은 표현은 상해지역에만 국한되지 않았다. 1월 9일자 『신보』에도 다음과 같은 표현을 사용하였다.

"한국지사가 일황을 저격하였으나 성공하지 못했고 수류탄이 뒤따르는 마차를 잘못 맞췄다."

한인이 일왕에게 폭탄을 투척하였는데, 불행하게도 그 폭탄이 부차에서 터졌다는 것, 그리고 투척한 수류탄이 잘못되어 뒤따르던 마차에 떨어졌다는 설명이다. 이같은 표현은 폭탄이 일왕에게 적중하지 못하였음을 매우 안타까워하는 뜻이 담겨져 있는 것이다. 또한 이봉창을 '지사志士'라고 표현하고 있는데, 처음으로 '지사'라는 용어를 사용한 것은 『신보』였다. 『신보』는 1월 9일자로 이봉창의거에 대한 첫 기사를 내보면서 그 제목을 '한국지사저격일황미성韓國志士狙擊日皇未成'이라고 하였다.

이후 『신보』와 『시사신보』가 1월 12일자에 이봉창을 소개하면서 역시 그 제목으로 '한국 지사 이봉창 약력'이라고 하여 '지사'라는 칭호를 사용하였다. 『중앙일보』는 1월 11일자에 '한지사저격일황후韓志士狙擊日皇後'라 하였고, 이봉창을 '천하제일의 지사'라고 추켜 세웠다.

이밖에도 천진에서 발간되던 『익세보益世報』가 이봉창을 '의사'로 지칭하면서 용감한 행위를 격찬할 뿐만 아니라 일왕을 정치적 우상이라 평가했고, 청도靑島의 『민국일보』는 '한국 망하지 않아, 의사 이모 운운'이라는 제목을 붙였다. 장사長沙의 『상가화보湘珂畵報』는 '일본궁위비사日本宮闈秘史'라고 하여 일본 왕실을 비하하는 사진을 게재하였다. 특히 복주福州의 『성조일보晟潮日報』는 1월 9일자에 이렇게 보도했다.

"왕성한 한인 폭탄 던져 일본 천황을 공격, 안중근을 배워 드디어 장자방 되었음을 축배를 들자. 애석하게 공격은 실패되었다."

『대공보』에는 '동경작탄안지약력東京炸彈案之略歷'이라는 제목으로 보도하면서, 그의 부친 이름이 '이진구'라는 것과 가족사항에 대해 소개하고 있다. 그리고 『대공보』 1월 14일자에 '동경작탄안지이봉창東京炸彈案之李奉昌'이라는 설명을 붙여, 태극기 앞에 서 있는 이봉창의 사진을 게재하기도 하였다. 『대공보』에 실린 이봉창의 사진은 1931년 12월 13일 한인애국단에 가입하고 태극기 앞에서 찍은 것이었다. 이로 보면 이봉창의 약력이나 사진 등은 김구측에서 제공한 것으로 보인다. 일왕저격의거를 추진한 것은 한국독립당이라는 기사도 게재하였다. 상해에서 결성되어 활동하고 있던 한국독립당은 1월 10일 「대이봉창저격일황사건對李奉昌狙擊日

皇事件」이라는 제목의 선언을 발표, 일왕저격을 추진한 것은 한국독립당이라는 것을 공포하였다.

중국 각 신문들은 의거 다음날인 1월 9일부터 12일까지 집중적으로 의거 관련 기사를 보도하였다. 기사의 대부분은 의거 자체에 대한 사실을 보도한 것이지만, 그 내용 중에는 일정한 논조가 있었다. 가장 공통적인 논조는 일왕이 처단되지 못한 것을 아쉬워한 점이다. 『민국일보』·『신보』·『시보』·『시사신보』 등의 보도 제목에서 '폭탄이 일황을 적중하지 못하였다'라는 표현을 사용하였다.

이처럼 대부분의 중국 신문들은 이봉창의거에 동조하는 논조를 보였고 일본에 대해서는 비판적으로 보도하였다. 일제는 1931년 9월 18일 심양에서 '유조호사건'을 일으키고, 이를 빌미로 중국 동북지방인 만주를 무력으로 점령하였다. 여기서 그치지 않고 금주를 비롯한 중국 각 지역으로 침략을 확대하고 있었다. 각 신문들이 이러한 일제의 침략을 대대적으로 보도하고 있던 상황에서 이봉창의 '동경의거'가 일어났던 것이다. 그렇기 때문에 중국 신문의 논조는 이봉창의거에 대해 우호적일 수밖에 없었다.

또한 이봉창의거는 한국과 중국 간의 협력과 연대를 가져오는 데 커다란 전기를 마련하였다. 1931년 7월에 일어난 '만보산사건'을 계기로 한중 간의 관계는 크게 악화되어 있었다. 만보산에서 한중 농민 사이에 일어났던 충돌사건을 일제가 부풀리고 허위선전하여 한국에서 많은 중국인들이 살해당하였다. 그리고 중국에 있는 한인들이 중국인들로부터 공격을 받는 일도 빈번하게 발생하였다. 이렇듯 악화되어 있던 한중 간

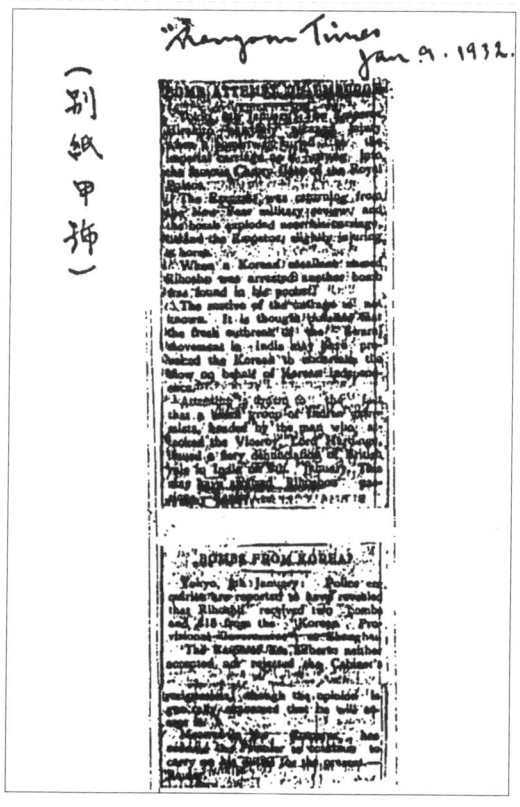

이봉창의거를 보도한 버마의 랭군 타임즈

의 관계가 이봉창의거로 인해 커다란 전환점을 맞게 된 것이다.

한편 이봉창의거 소식은 로이터 통신을 통해 세계 각국으로 타전되면서 이 의거는 국제적인 사건으로 발전되어 갔다. 당시 영국의 지배를 받고 있던 버마(미얀마)에서 발간되던 『랭군 타임즈Rangoon Times』 1932년 1월 9일자에는 '일왕에 대한 폭탄 공격'이라는 제목으로 "그 범행동기는 아직 상세 불명이지만 이번에 재연된 인도의 자치운동에 의해 자극 받은 점이 있는 것으로 생각된다"고 하였다. 또한 1월 9일자 『랭군 가제트Rangoon Gazette』도 로이터통신이 발송한 기사를 보도하였으며, 『랭군메일Rangoon Mail』 1월 10일자에는 '잘못된 암시A Mischievous Insinuation'라는 제목의 사설을 실었다.

일본에 대해 배일적 선전을 해온 소련에서도 1932년 1월 10일 블라디보스토크 라디오 방송을 통해 보도했다.

"일본에서 일어난 1월 8일의 암살사건은 일본의 제위 및 그 선서에 대해 이제는 아무도 믿지 않고 있음을 명료하게 증거하고 있다."

1월 12일 하얼빈 방송에서도 이 사건을 보도했다.

"일본제국주의자의 점령정책은 극동에서의 소련의 의연한 평화업무로 인해 큰 타격을 받고 있다."

일본인들의 저항과 폭동

중일 양국은 만주사변 후 급속하게 관계가 악화되어 있었다. 특히 금주가 일본에 점령된 이후 중국사회의 반일정서는 극에 달했다. 장개석을 대신하여 국민정부 정무를 이끌고 있던 진명추陳銘樞·손과係科, 그리고 왕정위王精衛는 일본과 전쟁을 선택해야 하는 벼랑에 놓이게 되었다. 하지만 국내 문제가 복잡하게 얽혀있는 상황에서 일본과 전쟁을 할 수가 없었다. 중국 청년 학생들과 지식인들의 반일정서를 무마시키는 것이 문제가 되었다. 국민정부는 주동적으로 평화관계나 전쟁을 선택하지 않는 책략을 유지하였다. 이로 인해 국민들은 정부에 실망을 하였고, 정부는 사회와 특히 청년 학생을 제어할 수 없는 상태에 접어들었다.

상해의 『민국일보』 1월 9일자에 실린 "불행히 부차가 조금 터졌다. 범인은 곧 체포되었다"라는 보도를 본 상해 거류 일본인들은 "불경하지 않은가"라며 소요를 일으켰다. 그들은 상해주재 일본총영사 무라이 구라마쓰를 부추겨서 상해시장 오철성吳鐵城에게 항의토록 하였다. 이에 무라이 구라마쓰 총영사는 보도 다음날 상해시장 오철성에게 사과와 정정보도, 그리고 책임자 처벌을 요구하는 항의서를 보냈다. 일본총영사의 항의에 대해 상해시에서는 그 다음날인 1월 11일에 답신을 보냈다. 이봉창의거가 일어나기 바로 전날인 1월 7일 상해시장에 부임한 오철성은 결코 사과할 마음이 없었다. 그래서 그는 답신을 보냈다.

"민국일보의 자구字句가 불근신不謹愼했음은 매우 경솔한 것이기는 하지만 귀국 원수를 모욕할 뜻은 없었고, 또 그러한 사실을 이미 민국일보에 지적했다."

상해시의 태도와는 달리 『민국일보』는 오히려 일본총영사의 주장을 반박하는 글을 게재하였다. 1월 12일자 『민국일보』에 「일본영사, 표제標題를 곡해」라는 글이 실렸는데, 자신들의 보도가 결코 일본 원수를 모욕할 뜻이 없었음에도 불구하고, 일본 영사관 측이 도리어 이를 곡해했다고 하며, 영사의 요구를 받아들일 여지가 없음을 천명하였다. 그러니 일본 측에서는 『민국일보』가 자신들을 야유한 것이라고 받아들였다. 그리하여 1월 13일 일본총영사는 상해시 정부에 대하여 강경하게 항의하고 나섰다. 남경에 출장갔던 오철성 상해시장이 돌아온 뒤, 시장과 총영사 사이에 회견이 열렸다. 그 자리에서 무라이 총영사는 다음과 같은 세 가지 사항을 요구하였다.

1. 시장은 민국일보 사장에게 주의를 주어 다시 이러한 잘못을 되풀이하지 않을 것을 보장하고 그 내용을 총영사에게 통보함과 동시에 시장으로서도 총영사에게 공문으로 유감을 표할 것
2. 민국일보사 사장은 직접 책임자를 엄벌하고 그 내용을 시장을 통해 총영사에게 통보할 것
3. 본 기사 표제의 취소 및 사과 기사를 실을 것

위와 같은 일본의 강경한 요구에 대해 오철성 시장은 사건을 적당한 선에게 마무리하기 위해 『민국일보』에 좋은 방안을 강구해 보라고 하였다. 그리하여 『민국일보』는 1월 16일자에서 다음과 같이 둘러댔다.

"1월 9일자의 '불행히 부차가 조금 터졌고, 범인은 곧 체포되었다'라는 표제에 대해, '불행'이라는 말이 일왕을 명중시키지 못해 불행한 것이 아니라, 일왕이 그렇게 공격을 받은 자체가 불행한 의미이다."

이같은 『민국일보』의 해명에 대해 일본총영사는 상부에 지침을 주문하면서, "중국 측이 '다행히 성상에게 맞지 않고 범인도 현장에서 체포되어, 불행한 일은 약간 부차가 파괴된 것뿐임'이라는 의미라고 주장하고 있어, 굳이 선의로 취하면 그와 같이 풀이 못할 것도 없음"이라고 했다.

결국 『민국일보』의 기사에 대해 일본총영사도 본국의 외무대신에게 오철성 상해시장의 민국일보사에 대한 조사 결과 모욕의사가 없다는

일본 해군 육전대장의 요구로 상해 『민국일보』가 정간되었다는 보도(『시보』 1932년 1월 27일)

점, 사장을 불러 경고한 점, 편집기자에게 감봉 3개월에 처하고 정정 및 사과 기사를 게재하였다는 것을 보고하였다.

이러한 갈등이 상해에서만 나타난 것은 아니었다. 중국 각지의 언론 사들이 이봉창에 대해 '지사' 혹은 '의사'라고 불렀으며 그의 행동을 격찬하고 실패를 아쉬워하는 보도를 내보냈고, 이에 맞서 일본영사들의 항의도 거세게 일어났다. 남경南京의 경우는 지역적 차원이 아니라 중국 국민당 정부를 향해 일본영사가 항의하고 나섰다. 또 중국 대도시 신문 보도에 대해 지역마다 일본영사관이 격렬하게 항의하였으며 해당 지방 장관의 사과, 신문사장의 사과, 책임자 처벌, 신문사 정간 또는 폐간, 재발방지 보장 등을 구두 또는 공문으로 요구하였다.

그 가운데서도 가장 심각하게 난동을 부렸던 곳이 청도이다. 청도의 『민국일보』는 「한국불망韓國不亡 의사이봉창작일황미수義士李奉昌炸日皇未遂」라는 표제로 의거를 보도하였다. 이에 대해 청도의 일본총영사 가와고에川越定는 이봉창을 '의사'로 지칭한 것이 문제가 있고 그 내용이 불경하다고 하면서 강력한 항의와 함께 폭동을 일으켰다. 폭동은 1월 12일부터 시작되어 일주일 이상 계속되었고, 일본인들이 민국일보사에 난입하여 권총을 난사한 것을 비롯하여 중국국민당 시당부를 습격하여 건물 전체를 불태우기도 하였다.

일본인들의 폭동에는 일본 해군이 배후에 있었다. 일본 군함 출운호出雲號와 팔운호八雲號가 동원되었고, 1월 12일 밤 10시 두 군함에 있던 육전대 600여 명이 상륙하였다. 이들은 무장을 한 채 일본영사관과 거류민단 등지에 배치되었고, 이러한 상황에서 일본교민들이 중국국민당 시당부와 민국일보사를 불태운 것이다.

청도에 거류하던 일본인 1천여 명이 1월 12일에 민국일보사를 공격하고 중국국민당 시당부에 난입한 것에 대해 김구도 『백범일지』에 이렇게 기록했다.

"중국의 국민당 기관보 청도 민국일보는 대호 활자로 한인 이봉창이 저격 일황 불행부중不幸不中이라 하였더니 당지 일본군경이 민국일보사를 파쇄하였다."

국민당 시당부는 일본인들의 방화로 모든 서류와 집기들이 불타버렸고, 직원들은 겨우 몸만 빠져 나왔을 정도였다. 이로 인해 시당부는 더 이상 유지하기가 어려워 해산을 결의하였다. 폭동이 계속되면서『민국일보』는 신문을 발행하기가 어려울 정도로 큰 피해를 입었고 결국 1월 20일 복간도 무기한 연기되어 사실상 폐간되고 말았다.

일본의 항의와 폭동은 복건성福建省 복주에도 일어났다. 복주에서 발간되는『신조일보新潮日報』에 이봉창의거가 보도되었다. 복주의 일본총영사관에서는『신조일보』의 보도내용에 불만을 갖고, 다섯 가지 요구사항을 내세우며 성정부에 강력하게 항의하였다. ① 성정부 대표와 당대표가 일본영사관에 직접 와서 유감의 뜻을 표시할 것, ②『신조일보』의 주간은 중국 형법의 조문에 의하되 최고 형벌로 처벌하고 그 판결문을 영사관에 보낼 것, ③『신조일보』의 간행을 금지하고 다시 출판하지 못하도록 할 것 등이다.

상해를 침략한 일본군

『민국일보』사건이 진정되어 가고 있을 무렵 일본군에 대한 침략이 준비되고 있었다. 만주사변으로 인해 중국인의 대일감정은 날로 악화되어 갔다. 특히, 국제도시 상해에서는 시민의 항일운동이 빈번했고 갖가지 항일집회가 잇달아 열리고 있었다. 시민들의 이와 같은 반일감정으로 삭은 충돌이 어러 차례 발생하였다. 이런 일에 눈을 돌린 일본군부는 악화된 중국인의 대일감정을 역이용하여, '상해 거류민을 보호한다'는 구실 아래 또 다른 음모를 꾸미고 있었다.

다나카 류키치田中隆一 육군소좌는 북만주에서 일본육군의 동태에 쏠

린 국제사회의 관심을 다른 데로 돌리려고 하였다. 일본은 자신들의 목적을 달성하기 위해 철저하게 사건을 조작하는 것이 비일비재하였고 이 때도 마찬가지었다. 1932년 1월 18일 상해에서 일본인 승려 두 명을 포함한 일본인 다섯 명이 중국인들로부터 습격을 받아 한 명이 사망하고 세 명이 중상을 입은 사건이 발생하였다. 이것은 만주사변을 일으켰던 관동군의 고급 참모였던 이타가키 세이시로板垣征四郎가 각국의 관심이 만주에 집중되어 있는 것을 다른 데로 돌리려고 하였던 것이었다. 그래서 그는 상해에서 또 다른 사건을 일으키도록 일본공사관 소속 무관인 다나카 류키치 소좌에게 의뢰하였고, 다나카가 중국인 무뢰배들을 고용하여 의도적으로 일본인들을 습격한 것이었다.

사건을 자세히 살펴보면 일련종 승려 아마자키天崎啓升와 미나카미水上秀雄는 신도 3명과 상해 마옥산로馬玉山路에 있던 삼우실업사三友實業社에 나타나 기웃거렸다. 삼우실업사는 의용군을 조직하여 군사훈련을 벌이고 있었는데 그 훈련장면을 마치 간첩인 양 염탐하는 모습을 연출하였다. 그러다가 일본군부에 고용된 중국인 무뢰배들이 일본 승려 일행을 공격하여 사상자가 발생한 것이다.

다음 날 오후 4시 진상을 알지 못하는 일본인들이 거류민대회를 열어 일본승려를 구타한 범인을 체포하여 처벌할 것, 손해를 배상할 것, 일본에 사과할 것 등 세 개 항을 결의하였다. 이 결의안은 일본 총영사관에 보내졌고 무라이 총영사는 상해시 정부에 그것을 전달하였다. 상해시 정부는 사실을 충분히 조사하여 공평하게 처리할 것임을 밝혔다.

그러나 1월 20일 새벽 2시 일본인 50~60명 정도가 일본 무장군경의

엄호를 받으면서 삼우실업사를 침공하였다. 일본인 거류지역인 홍구虹口를 출발한 일본인들은 인상항引翔港을 향했고, 마옥산로 삼우실업사 총창總廠에 도착하였다. 이들은 공장 서북쪽에서 칼로 대나무 울타리를 부수고 잠입하여 준비해 간 유황탄 등을 사용하여 삼우공사 공장 건물에 불을 질렀다. 지붕과 기둥에 유황탄을 접착시키고, 기름방망이를 건물 위로 던진 뒤에 화창火槍을 발사하는 방법이 구사되었다. 또 직건부織巾部 건물 일부가 무너지고 직기 20여 대가 파괴되었다. 그들은 "일본의 승려를 습격한 범인들이 이 공장에서 일하는 노동자임에 틀림없다"고 멋대로 구실을 만들어 공장을 부수고 건물에 불을 질렀던 것이다.

일본인들의 만행은 이것으로 그치지 않았다. 그 날 오후에는 다시 무장한 일본경찰 4명이 현장에 나타나 세 시간 동안 돌아다녔다. 상해 거류 일본인들도 거류민회를 열고 6백 명이 무기를 들고 오송로吳松路·노파자로老靶子路·북사천로北四川路를 따라가면서 중국인을 모두 죽이자는 구호를 크게 외쳤다. 이에 상점이 파괴되고 사람들이 구타당하니 극심한 혼란이 일어났다. 이에 오철성 상해시장은 유홍균兪鴻鈞 비서장을 일본총영사관에 보내 강력하게 항의하였다.

두 차례에 걸쳐 항의서를 보냈으나, 일인들이 여전히 길거리 시위를 하면서 중국인 상점을 파괴하는 일이 발생하자, 중국인들도 격렬하게 항일구호를 외치고 벽보를 붙여 투쟁의식을 고취시켜 나갔다. 일본은 사건을 확대시키기 위해 특무기관에서 일본 낭인을 규합하여 1월 24일 시계미쓰 마로루重光揆 일본공사 공관에 불을 지르게 하고 이를 중국인들이 벌인 일이라고 몰아붙였다. 이에 오철성 상해시장은 1월 28일

통첩 마감시간을 네 시간 정도 앞둔 오후 1시 45분, 일본인 승려와 신도 등 5명이 죽거나 다친 데 대해 유감을 표명하고, 법에 준거하여 엄하게 다스릴 것이며, 피해자에게 의약과 위무금을 시장이 직접 지급할 것, 항일단체에 대한 취체 문제는 항일구국회의 불법행위를 조사하여 죄가 있으면 징치하고 다른 반일단체도 해체시킬 것임을 분명히 밝혔다.

상해시정부가 일본총영사 요구를 수용하고 타협하여 사태를 일단락짓는 단계에 들었다고 판단하는 그 순간, 일본군의 침략전이 시작되었다. 1931년 1월 28일 밤 11시 25분 일제의 제일견외함대第一遣外艦隊 사령관 시오자와 고이치鹽澤幸一 해군소장은 중국의 제19로군에 싸움을 걸었다.

"제국 해군은 [상해의] 갑북閘北 일대에 소재한 다수 교민의 치안유지에 불안을 느끼고, 특별히 병력을 배치하여 임무를 다하려 하니, 갑북에 배치된 중국군과 적대시설은 속히 철거하기를 요망한다."

상해를 지키는 전략거점이자 강력한 포대를 자랑하던 갑북에서 중국군과 항일세력이 물러가라고 요구하는 것이었다. 이어서 시오자와 사령관이 갑북에 주둔하던 중국군 제19로군에 글을 보내 상해에서 후방으로 20km 물러서라고 강요하였다. 그러고는 중국 측 답변을 기다리지도 않고 15분 뒤인 11시 40분에 일본 해군육전대와 편의대가 갑북으로 침입하여 중국군 방어선을 공격하였다. 이것이 이후 34일 동안 펼쳐진 1·18사변, 송호전쟁松滬戰爭의 서막이었다.

일본 육전대는 20량의 장갑차를 앞세우고 갑북지역을 맹공격하였다. 상해주둔 일본군의 전력은 군함 30여 척, 비행기 40대, 육전대 6천

명이었다. 일본함대사령관 시오자와는 상해에서 전쟁이 일어나면 4시간 이내에 끝낼 수 있다고 호언장담하였다.

일본군의 기습을 받은 중국군에서는 장개석蔣介石이 제19로군에게 응전을 지시하였고, 29일 중앙정치회의에서 일본침략을 저지하기로 결정하였다. 그리고 30일 전국 장병에게 대기명령을 내리고, 2월 1일 장개석이 서주徐州에서 군사회의를 소집하여 4개 방어구로 나눈 작전계획을 수립하였다. 중국군은 일본 육전대에 커다란 타격을 주었고, 일본 해군은 육군에 지원을 요청했다.

2월에 들어 일본 항공기들이 집중적으로 홍교虹橋비행장을 습격하여 상해에 주둔하거나 남경에서 이동해 오는 중국 항공기를 공격하였다. 하지만 전쟁은 일본군의 계산대로 진행되지 않았다. 당초 제1견외함대사령관이자 상해주둔 일본해군 사령관인 시오자와가 중국군의 저항을 뚫지 못하였다. 이누카이 수상은 일왕에게 상해 파병 허락을 얻었으나 중국군이 완강하게 저항하여 일본해군에 큰 피해를 입혔다. 그러자 일본은 시오자와를 본국으로 소환했고 해군 3함대사령관 노무라野村吉三郎 중장을 후임 사령관으로 임명하였다. 또 이미 육군대신을 지내고 퇴역해 있던 시라가와白川義則 대장을 상해방면군 사령관으로 임명하여 2개 사단을 추가로 투입하고 우에다 겐키치植田謙吉 제9사단장도 가세하였다.

일본군은 3주 동안 세 차례나 대규모 시가전을 벌였지만 중국군의 방어선을 뚫지 못하였다. 광동계 제19로군은 중국 민중들의 절대적인 지지를 받으면서 맞서 싸웠다. 초조해진 일본은 별도로 2개 사단을 증파하여 제19로군 배후를 공격해 3월 1일 겨우 중국군을 상해 조계경계

상해를 침공하는 일본군

선에서 20km 바깥으로 밀어내고서는 전투를 중단하였다. 중국군은 완강히 저항했지만 근본적으로 한계가 있었다. 중국국민당 정부가 기본적으로 전면전을 원하지 않았던 것이다.

상해전투에 중국군이 입은 피해는 사망이 제19로군 2,400여 명, 제5군 1,500여 명 등 모두 4천여 명, 부상자는 7천여 명에 이르렀다. 또 일반시민도 1만 1천여 명이 사망했고, 행방불명 5,400여 명, 부상 4,300

여 명, 소실된 가옥만도 1만 6천 호 규모였다. 반면에 일본군은 사망이 591명, 부상이 1천 7~8백 명이었다.

이후 일본군의 상해침략을 맹비난하는 국제여론이 일었다. 1932년 3월 4일 제네바에서 열린 국제연맹 총회에서는 노르웨이·멕시코·그리스 등 각국 대표가 '무력침공 반대', '국제연맹은 인류 도의에 따라 폭력을 제재하는 용기를 가지라'는 등의 발언을 했다. 그리고 중일 양국은 상해의 전투를 정지한다, 중일 및 관계 각국이 협의하여 정전과 일본군 철수 방법을 결정한다고 결의하였다.

일본군이 거류민 보호 목적을 달성했다는 데 명분을 찾고 침공을 중단하자, 3월 14일부터 상해에 있는 영국영사관에서 정전협상이 시작되었다. 미·영·프 3국 공사가 조정에 들어갔고, 3월 중순 국제연맹조사단이 도착하여 권고하자 결국 국제적인 압력 아래 5월 5일 정전협정이 체결되었다.

"일본군의 철수, 사변 이전의 상태를 회복한다."

이와 같이 이봉창의거로 인해 '상해사변'이 일어났고, 4월 29일 천장절에 맞추어 전승기념식을 거행하던 홍구공원에서 상해주둔 일본군들이 윤봉길에 의해 완전히 무너지게 된 것이다.

10 김구, 또 다른 '의거'를 준비하다

한국독립당의 활동

'동경의거' 직후 김구는 몸을 숨기고 있었다.

이봉창은 체포되면서 '김구'라는 본명에 대해서는 전혀 언급하지 않았다. 하지만 일제는 그 배후에 김구가 있다는 것을 알고 있었다. 이에 그를 체포하기 위해 중국 상해로 검사를 파견하는 등 가능한 많은 정보를 파악하려고 노력하였다. '동경의거'가 일어난 후에 김구의 동향에 대한 정확한 자료는 없지만 프랑스조계에 숨어 있었던 것은 확실하였다. 일제의 정보에 따르면, 김구는 11일 낮 법계 서문로 길거리에서 눈에 띄었으나 그 소재는 파악하지 못했다고 하였다.

한편 임시정부의 우익진영은 자파세력의 단합을 위해 1930년 1월 상해에서 한국독립당을 결성하였다. 한국독립당은 '동경의거'가 일어난 뒤 1932년 1월 9일 의거에 대해 짤막한 성명을 발표하였다. 상해에서 발행되고 있는 중국인 경영의 국민통신사國民通信社는 1월 11일자로「한국독립당 통전通電」이라는 제목 아래 전문을 다음과 같이 게재했다.

　본당은 삼가 한국 혁명용사 이봉창이 일본황제를 저격하는 벽력일성霹靂
一聲으로써 멀리 전세계 피압박 민족의 새해 행운을 축복하고 이와 함께
환호하며 즉각 제국주의자의 아성을 향해 돌격하여 모든 폭군과 악한 정
치의 수범을 쓰러트리고 제거하여 민족적 자유와 독립의 실현을 도모할
것을 바란다.

대한민국 14년 1월 9일 한국독립당

　이어 1월 10일 한국독립당은 「이봉창이 일황을 저격한 데 대한 한국
독립당 선언」이라는 제목의 선언문을 발표하였다.

　한국독립당은 이번 이봉창의 일황 저격사건을 한국민족과 독립운동자의
입장에서 그 전후 인과관계를 밝히며 다음과 같은 선언을 공포하는 바이
다. (중략) 그렇다면 일황을 제거함으로써 얻어지는 것은 무엇인가. 하나,
포악한 일구日寇가 저지른 죄악의 모든 책임이 바로 이 자에게 귀속되기
때문이다. 둘, 도둑을 소탕하려거든 먼저 그 수령을 잡으라는 말이 있다.
일황을 제거함으로써 왜적 전체의 사기를 크게 떨어뜨릴 수 있다. 셋, 우
방인 중국을 대신해 복수함으로써 중·한 두 나라의 우의를 더욱 증진시
킬 수 있다. 넷, 하늘을 대신해 정의를 떨치고 왜적의 압박에 신음하는
피침략 민족의 인권을 신장하는데 도움을 줄 수 있다. 다섯, 우방국들이
왜적으로 인해 받은 치욕을 갚을 수 있다. 여섯, 왜인을 대신해 독재자를

韓國獨立黨宣言

對李奉昌狙擊日皇事件

韓國獨立黨以對此次李奉昌狙擊日皇事以韓國民族與夫獨立運動者立場撮彼暴

日之罪跡昭示本案之前因後果宣言于左

兒慎鳥賊既併三韓魚肉我同胞奄呑滿蒙萄狗我友邦以彼血族相婚之酋自詐謂萬

世一系以彼萬惡橫行之魁坐食人民之膏血釋天皇高踞無上之位以彼穢德謙金韓

中積其惡而不悔挑人天之共怒豈惟韓人欲漆其頭抑亦滿族之飮器離於彼日皇

者固不足殺也彼智不足以制宙間威不足以御元老與窮魁無論其

爲萬治狗大正爲昭和同丘一絡益一傀儡耳韓人固知其不足殺而殺之何也彼居元

首萬惡所匯一擯賊擒士二爲宗那報仇三行天討伊仲人權四爲友邦雪恥五因

民不忍誅厥兇六革彼國體復我主權七戌狀是農環球是懲八順天應人鼓動

天下以解放人類九也今者李奉昌之狙擊究其動機實由於此以就世使其惟

文李在明之於李完用金益湘之於田中義一金址燮之於寺內正毅姜宇奎之於齋藤實梁瑾煥之於

公憤致令三十年來義人烈士前仆後繼如張仁煥之於新民會田明雲之於斯蒂芬趙明河之於

本軍閥元老與夫日本帝國主義者之先錄者乎彼既日夜製造原因韓人亦受刺戟

元槇金益湘之於田中義一金址燮之於寺內正毅姜宇奎之於齋藤實梁瑾煥之於伊藤博

久彌親王等是也使韓人迫令出此無非日帝國主義之所使然也試看彼等表裏相

應狼狽爲奸製關白之餘風挾天子而斬權滅人君后佑脅鄰藩彌殺無忌盡

其蛇蝎之性橫施豺狼之虐靑邱之野稽骨爲山邊鄙之外流血滔滔是日本軍閥元老

相與勾結以演其帝國主義之兇燄於東亞者也

綜而言之彼日人實假手于我韓人烈其君者也非使李奉昌一介有此志二千三百

人人胸中盡有李奉昌之決志爲將見第二第三乃至盡二千萬爲李奉昌其人

大韓民國十四年一月十日

韓國獨立黨

이봉창의거에 대한 한국독립당 선언문

제거하는 의미를 가지고 있다. 일곱, 일본의 국체를 요동시키고 우리의 주권을 되찾는 데 도움이 된다. 여덟, 평화와 정의를 애호하는 전세계 인류의 행복을 증진시킬 것이다. 아홉, 하늘의 뜻을 따르도록 천하의 인심을 선도하는 효과를 거둘 수 있다. 이번 이봉창의사가 일황을 저격하고자 하였던 동기는 바로 여기에 있는 것이다. (중략)

이번 사건은 이봉창 개인의 의사나 행동이 아니고 2300만 한인 모두의 가슴 속에서 우러나온 의거이다. 앞으로도 제2, 제3의 이봉창이 출현할 것이고 2000만 한인이 모두 이봉창의 뒤를 따를 것이다.

대한민국 14년 1월 10일 한국독립당

이같은 선언문을 통해 한국독립당은 일본의 포악한 죄상을 파헤치고 이봉창이 일황을 척살하려고 한 원인을 밝혔다. 한국독립당의 선언문은 상해에서 봉천을 경유하여 간도의 한인사회까지 전달되었다. 한국독립당의 선언문이 발표된 후 한국독립당의 기관지『상해한문上海韓聞』제2호(1932년 1월 11일자)에서 '이봉창의사의 쾌거'라는 제목으로 왜황과 그의 5000만 괴뢰의 간담을 서늘하게 하였고, 2000만 한족韓族의 위협에 전율하였다고 하였다.

중국 신문에서도 한국독립당이 발표한 선언문을 게재하여 또 한 차례 항일의 열기를 드높였다.

『중앙일보』1월 19일자에 위의 한국독립당 선언문이 보도되었고, 20일을 전후하여『민국일보』·『신경일보新京日報』·『무한일보武漢日報』·『하문상보廈門商報』등에도 보도되었다. 당시 한국독립당 선언문을 1월 19일자로 게재한 북경의『북평신보北平晨報』는 신문이 인쇄되자마자 압수되었고 24시간 발행정지를 당했다. 나아가 이 신문은 1월 23일자에 외국인들을 위해 선언문을 영어로 번역해서 실었다가 전면 금지를 당하기도 하였다.

김구의 특무공작 계획

이봉창의거로 말미암아 일어난 상해사변의 추이를 살피고 있던 김구는 계속해서 일제에게 타격을 줄 특무공작을 추진하고자 하였다. 이때의 상황에 대해『백범일지』에서 "전쟁 중에 연구·실행코자 한 일이 있었

김구와 김홍일

으나 준비 부족으로 실패하였소"라고 하여 특무공작을 상당 정도 진행시키고 있었음을 알 수 있다. '동경의거' 이후 김구는 상해병공창에 근무하는 김홍일과 특무공작에 대해 이야기를 하게 되었고 두 사람 사이에 여러 계획을 추진하려고 하였다. 김홍일은 귀주육군강무학교貴州陸軍講武學校를 졸업하고 중국군 장교로 입관하였는데, 상해사변 당시에는 상해병공창의 병기주임으로 있으면서 제19로군 정보국장을 겸하고 있었다. 그렇기 때문에 그는 일본군에 대한 정보를 정확하게 파악하고 있었다. 그러나 당시 김구가 추진하였던 특무계획에 대한 다른 자료가 없어 정확히 확인할 길은 없지만, 김홍일이 남긴 「30년의 독립투쟁기」에 의하면 또 다른 계획이 추진되었음을 알 수 있다. 그 가운데 하나가 일본군함 출운호에 대한 폭파 계획이었다.

김홍일의 기록을 간략하게 정리하면 다음과 같다. 김구는 이봉창의 '동경의거' 이후 프랑스공무국의 도움을 받으면서 몸을 숨기고 있었는데, 김홍일이 상해를 침략한 일본군사령부가 황포강의 홍구 부둣가에 정박 중인 일본군함 출운호에 설치되어 있다는 정보를 입수하게 된다. 김홍일이 일러준 정보를 들은 김구는 황포 부둣가에 정박 중인 출운호를 폭파하기로 결심하였으나 실행할 적임자를 구할 수가 없었다.

이에 김구는 김홍일과 상의하여 중국인 '수귀水鬼'를 1,000원에 고용하기로 하였다. 수귀란 일종의 '잠수부'인데 별다른 잠수 장비 없이 오랜 시간 동안 잠수할 수 있는 사람을 일컫는다. 김구는 중국인 수귀 두 명을 사서 상해병공창에서 제작한 특수폭탄을 출운호 밑에 매달아 놓은 뒤 폭파시킨다는 계획이었다. 출운호 폭파시간을 1932년 2월 12일 12시 30분으로 정하고 중국인 수귀 두 명이 물 속에 들어갔으나 겁을 먹고 제 시간에 폭탄을 설치하지 못하여 출운호는 폭파되지 않았고 중국인 수귀 두 명만 희생되고 말았다고 한다.

김구는 위의 출운호 폭파계획이 실패한 후 곧 바로 또 다른 특무활동을 준비하였는데, 이에 대해서도 현재 별다른 자료는 없고 『백범일지』와 김홍일 회고만 있을 뿐이다. 『백범일지』에 의하면 상해사변으로 홍구 방면에 한인 노동자를 고용함을 계기로 이들을 군용지에 몰래 들여 보내 무기고, 비행기 격납고 등을 폭파하고자 하였다. 그래서 김구는 김홍일에게 연소탄燒燒彈을 만들어 달라고 부탁하고 기다리고 있는 동안 상해정전 협정이 추진되면서 계획이 실행되지 못하였다고 한다. 또한 출운호 특무활동이 좌절된 이후 김구는 상해 홍구에 있는 일본군 강만江灣비행장과 부두의 무기창고를 폭파하려고도 하였다. 윤봉길 등 한인애국단 단원 몇 명을 선발하여 부두노동자로 침투시켜 폭파할 계획을 세웠는데, 특수폭탄을 제작하고 성능을 시험하느라고 시일이 지연될 수밖에 없어 노동자들이 무기고에 접근할 수 있는 기회가 무산되고 말았다고 한다.

위의 두 계획은 실패하였지만 김구는 윤봉길의 홍구공원의기에 앞서 두 명의 한인애국단원들을 국내로 보냈다. 이덕주李德柱, 유진식兪鎭植 등 두 명의 한인애국단원들에게 우카키宇垣一成 조선총독 처단 임무를 주어 국내로 파견하였던 것이다. 이덕주는 황해도 출신으로 서리균徐利均이라

『한민』 1936년 5월 25일자에 실린 '대련의거' 기사

고 불렸고 유진식은 유진만兪鎭萬이라고 불렸는데, 두 사람 모두 교민단 산하의 의경대 대원으로 있다가 한인애국단의 단원이 된 인물이다. 김구는 이덕주와 유진식에게 거사자금으로 180원을 주고 국내에 잠입하여 조선총독을 처단하라고 명하였다. 이덕주는 이봉창과 마찬가지로 한인애국단 입단 선서문을 목에 걸고 사진을 찍고, 1932년 3월 초 국내로 들어가기 위해 상해를 출발하였고 유진식은 '홍구공원의거' 이전에 상

해를 떠났다.

이덕주와 유진식은 김구의 명을 받고 국내에 잠입하여 조선총독 등 일제의 고관을 처단할 계획이었으나 목적을 달성하지 못하고 황해도 신천에서 체포되고 말았다.

이덕주·유진식의 국내 파견계획과 거의 동시에 김구는 윤봉길로 하여금 홍구공원에서 거사를 진행하는 한편, 국제연맹 조사단이 통과할 때 만주를 침략한 원흉들을 폭살시킬 계획을 세웠다. 이를 위해 김구는 1932년 2월 10일 교민단 의경대원인 최흥식崔興植을 한인애국단에 가입시켰고, 그에게 '대적 조선총독을 암살할 것을 서약함'이라는 선서문을 목에 걸게 하고 사진을 찍었다. 그후 최흥식은 3월 27일 상해를 출발하여 4월 1일 대련에 도착하여 그곳의 사정을 조사하였다.

유상근

또한 김구는 2월 24~25일경 강원도 통천 출신의 의경대원인 유상근柳相根을 한인애국단에 입단시키고 '일본 내지로 도항하여 일본의 군괴軍魁를

최흥식

폭살한다'는 선서문을 걸고 사진을 찍게 하였다. 김구는 유상근에게 폭탄 2개와 권총 1정, 실탄 25발을 주어 홍콩으로 보냈다가 최흥식과 같은 일을 맡기기 위해 다시 상해로 소환하였다. 상해에 온 유상근은 4월 25일 임시정부 청사에서 윤봉길의거 때와 같은 위력을 가진 폭탄 2개를

받고 27일 상해를 출발하여 대련으로 향하였다.

유상근에 앞서 대련에 온 최흥식은 김구로부터 혼조 시계루本庄繁 관동군사령관, 우치다 야스야內田康哉, 야마오카 만노스케山岡萬之助 관동청 장관을 처단하라는 비밀지령을 받았다. 유상근은 대련에서 만주철도 주식회사 기숙사인 아옥료兒玉寮에 들어가 시기를 기다리다가 최흥식을 만나 거사를 논의하였고, 이성원李盛元·이성발李盛發 형제로 하여금 선편으로 폭탄과 단총을 유상근에게 배달하게 하였다.

이들의 계획은 5월 26일 국제연맹 리튼일행이 대련을 통과할 때 일제의 수괴들이 국제연맹 조사단을 환영하기 위해 정류장에 나올 것으로 예상하고 이때를 노려 거사를 하기로 하였던 것이다. 그러나 대련우편국 암호전보가 단서가 되어 5월 24일 최흥식이 먼저 체포되고 다음 날 유상근과 이성원·이성발 형제가 모두 붙잡히고 말았다. 일제는 이 사건을 리튼조사단을 살해하려는 것으로 날조하려고 하였으나 8월 10일 「한인애국단선언」이 발표되어 사실이 아닌 것으로 밝혀졌다. 일제에 붙잡힌 유상근은 폭탄과 단총을 넣어 두었던 행리行李를 경찰서로 가져갔는데, 여기서 폭탄을 터트리고 단총으로 사살하려고 하였지만 이 또한 실패로 끝났다.

제2의 이봉창, 윤봉길의거

일제는 1932년 1월 28일 상해사변을 도발하여 무력으로 침략한 후 승리에 도취하여 전승축하식과 일왕의 생일을 축하는 기념식을 홍구공원에서 거행하고자 하였다. 당시 일제의 검거를 피해다니던 김구는 이봉창의 '동경의거'가 발단이 되어 '상해사변'이 일어나자, 그간 침체되어 있던 독립운동을 활성화시키고 새로운 무장투쟁을 전개하고자 하였다.

김구가 이처럼 제2의 이봉창의거와 같은 사건을 일으킬 계획을 하고 있을 무렵 윤봉길尹奉吉이라는 청년을 만나게 된다. 윤봉길은 충청남도 예산 출신으로 독립운동에 목숨을 바칠 결심을 하고 23세 때인 1930년 3월 고향을 떠나 그해 5월 중국 상해에 도착하였다. 그는 상해에서 말총모자를 만드는 공장에 다니다가, 홍구시장에서 야채상을 하기도 하고, 또 밀가루를 팔기도 하였다. 그는 독립운동에 투신할 목적으로 상해에 왔기 때문에 프랑스조계의 교민단 사무소를 찾아가 김구·김동우 등을 만나 독립운동에 참여할 뜻을 전하였다고 한다.

윤봉길이 박진이라는 한인이 경영하는 말총모자 공장에서 일을 하고 있을 때인 1931년 11월 경에는 매주 1회씩 김구가 공장을 찾아와 시국문제에 대해 토론을 하였다. 그 외에도 두 사람은 별도로 공장 밖에서 만나 독립운동에 대해 이야기를 나누었고 두 사람 사이에 신뢰가 쌓였다. 이에 김구는 윤봉길에게 이봉창을 도쿄에 파견하였다는 것도 말하였으며, 윤봉길에게 다음에 좋은 계획이 있으면 반드시 기회를 주겠노라고 약속을 하였다.

사실 김구는 '동경의거' 이후 일제의 마수를 피해 다니면서도 일왕의 생일인 천장절 기념식이 거행된다는 소식을 들었다. 이를 이용하여 또 한번 '동경의거'와 같은 거사를 거행하고자 계획하였으나 마땅한 인물을 찾지 못하였던 것이다. 그러던 중 윤봉길이 그를 찾아와 큰 일을 하

윤봉길

宣誓文

나는 赤誠으로써 祖國의 獨立과 自由
를 回復하기 爲하야 韓人愛國團의
一員이되야 中國을 侵略하는 敵의 將
校를 屠戮하기로 盟誓하나이다

大韓民國十四年四月二十六日
宣誓人 尹奉吉
韓人愛國團앞

윤봉길 선서문

겠다고 자청하였다.

"앞으로 이봉창의사 의거와 같은 계획이
있으면 반드시 나에게 맡겨 주십시오."

그후 윤봉길은 김구에게 신신당부하였
다. 조국을 위해 언제라도 희생할 준비가
되어 있다는 윤봉길의 결심을 확인했다.

"나는 종전에 공장 구경을 다니며 윤군
을 보고 그가 진실한 청년 노동자로 학식은
있으나 생활을 위해 노동을 하거니 생각하
였다. 그런데 이제 마음을 터놓고 이야기해
보니 자신의 몸을 바쳐 큰 뜻을 이룰 의로
운 대장부였다."

김구는 윤봉길을 몇 차례 만나 대화를 나
누는 과정에서 그의 결연한 의지를 확인하
고 한인애국단에 가입시키기로 하였다. 얼
마 후 김구는 일본어 신문인『상해일일신문
上海日日新聞』1932년 4월 20일자 기사를 보
게 되었다.

"상해사변의 승리를 기념하고 동시에 천
황의 생일을 축하하기 위해 4월 29일 관민 합동으로 홍구공원에서 천
장절 기념식 겸 전승경축 의식을 대대적으로 거행하기로 결정했다."

김구는 윤봉길에게 4월 29일 천장절 기념식 행사식장에서 거사를

한인애국단 주역과 상해병공창 왕백수 부부(뒷줄 왼쪽부터 엄항섭, 박찬익, 왕백수의 부인, 김구, 왕백수)

결행하는 것이 어떻겠는가를 물어 보았다.

"저는 이제부터는 흉중에 일점 번민이 없어지고 안온하여집니다."

윤봉길은 쾌히 승낙하였다.

김구는 상해병공창 주임으로 근무하는 김홍일을 찾아가서 홍구공원에서 사용할 폭탄이 필요하다고 하였다. 그는 김홍일과 상해병공창 책임자 송식표宋式驫에게 물통형 폭탄과 도시락형 폭탄 각 1개씩을 만들어 3일 이내에 보내 줄 것을 부탁하였다. 김구의 부탁을 받은 상해병공창에서는 중국인 폭탄 제조기술자인 왕백수王伯修의 지도하에 폭탄의 뇌관 20개를 모두 실험하여 성공 여부를 확인한 후 도시락형 폭탄과 물통형 폭탄에 장착하였다. 이렇게 만들어진 폭탄은 김홍일의 집으로 운반되었고, 김구는 이를 다시 한 두 개씩 프랑스조계 내에 거주하는 믿을 만한 동포집에 귀한 약품이니 불만 조심하라고 부탁하며 숨겨 두었다.

이와 같이 거사 준비를 끝낸 김구는 4월 26일 임시정부 국무위원회에 보고하여 만장일치로 통과되었다. 윤봉길은 4월 26일 프랑스조계 안공근 집에서 김구와 다시 만나 한인애국단에 가입하고 다음과 같은 「선서문」을 써서 단장에게 제출하였다.

나는 적성赤誠으로써 조국의 독립과 자유를 회복하기 위하여 한인애국단의 일원이 되어 중국을 침략하는 적의 장교를 도륙屠戮하기로 맹세하나이다.

대한민국 14년 4월 26일 선서인 윤봉길

한인애국단 앞

선서문에 서명한 후 이봉창 때와 마찬가지로 사진을 찍을 예정이었지만, 날씨가 나쁜 관계로 촬영은 다음 날로 미루었다. 다음 날인 4월 27일 안공근의 집에서 3장의 사진을 찍었다. 그날 저녁 김구는 윤봉길에서 폭탄 사용법에 대해 일러 주었는데, 폭탄에 달려 있는 끈을 잡아당기면 소리가 난 후 4초 후에 폭발한다고 말했다.

4월 28일 정오 김구와 윤봉길은 중국기독교청년회관에서 만나 점심을 함께 먹었다. 김구는 홍구공원에서 내일 행사의 예행연습이 있으니 현장을 답사하라고 하였다. 윤봉길은 일본 육군대장 시라가와 요시노리白川義則와 육군 제9사단장 우에다 겐키치의 얼굴을 익히기 위해 일본인

윤봉길의 거사 직전 홍구공원 기념식장 광경

상점에 가서 이들의 사진을 구입하고, 내일 행사에 지참할 일장기도 구입하였다. 거사 장소인 홍구공원 현장에 도착한 윤봉길은 폭탄을 던질 장소를 물색하고 숙소로 돌아왔다.

그날 저녁 7시 30분경 김구가 윤봉길을 찾아와 이봉창 때와 같이 '경력과 감상을 적은 글'을 써 달라고 하였다. 윤봉길은 「자서약력」과 김구를 기리는 시 1편, 조국청년들에게 남기는 유시 1편, 두 아들에게 남기는 유시 1편, 홍구공원을 답사할 때 적은 시 1편 등을 중국제 수첩에 적어 김구에게 건네주었다.

윤봉길은 4월 29일 아침 6시 숙소를 나와 김구와 아침식사를 마쳤고, 김구가 건네 준 2개의 폭탄 중 도시락 폭탄은 보자기에 싸고, 물통형 폭탄은 어깨에 매었다. 그런 다음 자기 시계를 꺼내 김구에게 시계를 교환하자고 하였다.

"제 시계는 어제 선서식 후 선생님의 말씀에 따라 6원을 주고 구입한 것인데, 선생님 시계는 불과 2원짜리입니다. 저는 이제 1시간밖에 더 소용없습니다."

김구는 기념품으로 그의 시계를 받고, 자신의 시계를 윤봉길에게 주었다.

윤봉길은 자동차를 타기 위해 정류장으로 갔고 그곳에서 차비를 하도고 5~6원은 남는다면서 그가 가지고 있는 돈을 김구에게 주었다. 그는 오전 7시 45분에 홍구공원에 도착하여 50분에 공원 정문으로 들어갔고 일반 관람객들과 함께 행사를 지켜보면서 폭탄을 던질 기회를 기다리고 있었다.

이날 행사에는 상해에 거주하는 일본인 1만여 명이 동원되었으며 일본군인들과 각국 외교관·무관 등이 초청되어 2만여 명이 참관하고 있었다. 행사는 1부와 2부로 나뉘어 제1부는 상해사변을 도발한 일본군의 관병식이, 제2부는 관민합동의 축하식이 거행되었다. 제2부 개회사와 축사가 진행된 후 비가 심하게 내리기 시작하였다. 11시 40분경 비가 내리는 중에 일본국가가 울려퍼지고, 식단에는 좌측부터 무라이 구라마쓰 상해일본총영사, 우에다 겐키치 일본 육군 제9사단장, 시라가와 요시노리 상해파견 일본 육군대장, 노무라 일본 해군 제3함대 사령관, 시게미쓰 마로루 주중일본공사, 가와바타 사다지河端貞次 상해일본거류민

윤봉길의 '홍구공원의거'를 보도한 중국신문 보도(『시사신보』 1932년 4월 29일)

윤봉길의거에 의해 일본 요인 부상을 알리는 중국신문 보도(『신보』 1932년 4월 30일)

단장, 도모노 시게루友野盛 상해일본거류민단 서기장 등 7명이 나란히 서 있었다.

일본국가가 끝날 무렵인 11시 50분경 윤봉길은 도시락 폭탄을 땅에 내려놓고 어깨에 맨 물통형 폭탄을 오른손에 쥐고 왼손으로 발화 끈을 잡아당겨 뽑았다. 그리고 2~3명을 어깨로 밀면서 약 4m 앞으로 나아가 19m 거리에서 폭탄을 단상을 향해 던졌다. 폭탄은 단상의 중간에 떨어져 굉음을 내면서 폭발하였고, 시라가와 육군대장 등 일본 군부·정계 수뇌 7명은 그 자리에서 모두 쓰러졌다.

상해 파견 일본육군대장 시라가와는 전치 4주의 중상을 입고 입원하였다가 한 달 후인 5월 26일 사망하였다. 우에다 제9사단장도 전치 6주의 중상을 입고 오른발 앞부분 일부를 절단하여야만 했다. 노무라 해군 제3함대 사령관은 전치 4주의 중상을 입고 오른쪽 안구를 적출하였으며, 시게미쓰 마로루 주중일본공사는 전치 4개월의 중상으로 오른쪽 다리를 절단하는 수술을 받았다. 가와바타 상해일본거류민단장도 중상을 입고 다음 날인 4월 30일 사망하였다. 무라이 상해총영사는 전치 3주, 도모노 상해일본거류민단 서기장은 전치 6주의 중상을 입었다.

윤봉길은 상해 파견 일본군사령관 등 일본 군부와 정계의 중심인물 7명을 단번에 섬멸한 뒤 주변에 있던 일본 해군과 헌병들에게 붙잡혔다. 윤봉길의거가 있은 직후 상해 주재 일본총영사관은 경찰을 동원하여 프랑스조계내의 독립운동가들에 대한 대대적인 수색과 검거가 이어졌다. 도산 안창호를 비롯하여 조계내에 거주하는 한인 12명이 일제에 체포되고 말았다.

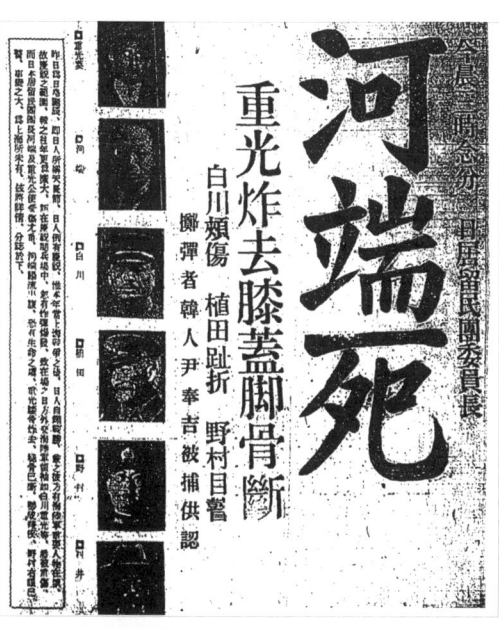

河端死

重光炸去膝蓋脚骨斷

白川頰傷　植田趾折　野村目瞽

擲彈者　韓人尹奉吉被捕供認

가와바타 사다지 일본거류민단장의
사망을 전하는 중국신문 보도
(『시보』1932년 4월 30일)

互術無效醫生束手

白川今晨六點念五分死

臨終時招田代遺囑後事
定明日下午舉行告別式

▲日皇昇授勳位

▲常盤選駛回國

▲植田暫代職務

시라가와 대장의 사망을 전하는 중국신문 보도
(『시사신보』1932년 5월 26일)

11 보도 통제와 '동경의거' 보도

일제의 보도 통제

이봉창의 '동경의거' 직후 『오사카마이니치신문大阪每日新聞』은 1932년 1월 8일 호외를 발행하였다. 호외에는 '경시청 앞에서 천황의 어차御車에 폭탄을 던지다'라는 제목으로 사건 내용을 보도하였다. 동경의거 다음 날인 1월 9일 일본의 각 신문은 일본 내무성의 발표를 그대로 실었다.

범인은 경시청 경시 이시모리 이사오石森勳夫, 순사 혼다 쓰네요시本田恒義, 순사 야마시다 소헤이山下宗平, 가와이河合 헌병 상등병, 우치다內田 헌병 군조 등이 체포하고 경시청에 인치하여 취조 중인데, 그 성명은 다음과 같다. 조선 경성 출생. 아사야마 쇼오이치淺山昌一라는 토공土工 이봉창.

이봉창은 체포 당시 당당하게 자신이 한 것이라고 밝혔다. 그런데 일본정부는 체포했던 사람을 5명이나 열거하고 있다. 5명이나 되는 순사와 헌병이 이봉창을 체포하였고, 이봉창이 두 번째 폭탄을 던지려는 순간 이를 덮쳐 제2의 투척을 막았다는 발표까지 나왔다.

한편, 1932년 1월 8일 국내 신문에는 만주사변과 만보산사건 관련 기사가 전면을 덮고 있었다. 특히 만보산사건으로 만주에 있는 한인들이 상당한 고통을 받고 있으며 안전을 위해 피난수용소로 몰려들었다는 기사가 『동아일보』에 실렸다. 이봉창의거가 일어나기 전해인 1931년 일제가 만주를 침략한 '만주사변'은 국제적으로 커다란 파문을 일으켰기 때문에 관련기사가 연이어 신문지상을 뒤덮고 있었다. 또한 만보산사건으로 한인과 중국인 간에 격렬한 대립이 일어나 만주에 있던 한인들은 생명의 안전을 도모할 수 없는 극한 상황에 놓여 있었다. 때문에 국내의 여론에서는 이들 재만 한인들을 도우려는 여론이 열화와 같이 일고 있었다.

이처럼 이봉창의거는 국제적으로 만주와 관련하여 정세가 매우 복잡할 때 일어났다. 이 때문에 『동아일보』는 1932년 1월 8일 「만주사건에 대하여 부전조약不戰條約 적용」이라는 제목으로 제1호 호외를 발행하였고, 같은 날 「이누카이 수상 참내參內 총사표를 봉정捧呈」이라는 제목으로 제2호 호외를 내보냈다. 그렇지만 제2호 호외는 이봉창의거에 대한 것이 아니라, 이누카이 내각이 사표를 냈다는 내용이었다. 즉, 「도쿄 8일 오후 5시 47분발 시급 전보 연합」으로 이봉창의거에 대한 언급없이 "이누카이 수상은 8일 오후 5시 8분 참내 내각원 전부의 사표를 봉정하였다"라는 호외를 낸 것이다. 이처럼 국내에서 이봉창의거와 관련된 첫 호외의 내용은 '거사' 자체가 아니라 그것으로 파생된 이누카이 내각의 이봉창의거 관련 최초의 국내신문 호외(『동아일보』 1932년 1월 8일) - 이봉창의거에 대한 언급없이 총사직에 관한 내용만 전하고 있다.

총사퇴에 대한 것이다.

또 총독부 기관지 『매일신보』도 이봉창의거와 관련하여 1월 8일 호외를 발행하였으나 일제당국에 의해 차압당하였다. 그 이유는 일제당국이 제공한 발표내용과 다르게 보도하였기 때문이라고 하는데 정확한 보도내용은 알 수 없다. 일제의 기관지인 『매일신보』가 왜 일제당국이 제공한 발표와 다르게 호외를 발행하였는지에 대한 문제는 차후에 밝혀져야 할 사항이라고 생각된다.

의거 다음 날인 1월 9일자 『동아일보』에는 '도쿄 8일 오후 6시발 지급 연합'으로 「불상사건에 대하여 내무성에서 공식 발표, 범인은 즉시 체포」라는 제목으로 "내무성 오후 5시 30분 발표에 의하면 금일 오전

11시 30분에 천황폐하께옵서 관병식에서 환행하옵시는 길에 앵전문외櫻田門外 경시청 앞에서 수척탄手擲彈같은 것을 던진 자가 있었는데 조선 경성출생 이봉창(32)으로 일명 천산정일淺山正一이라고 하는 토공이다"라는 기사를 보도하였다.

『동아일보』 호외 보도로 한국인 '이봉창'이 일왕을 향하여 투탄 의거를 일으켰다는 사실이 처음으로 국내에 알려지게 되었다. 의거가 일어나자마자 일제는 언론기관의 보도를 제한하면서 수사에 전력을 기울이고 있었다. 이로 인해 로이터통신 도쿄 특파원도 1월 8일 늦게서야 기사를 보냈고, 국내에서는 1월 9일『동아일보』·『조선일보』에 호외가 발행되었으며, 1월 10일자에 의거와 관련된 기사가 구체적으로 실리기 시작하였다. 그렇지만 그 보도 내용도 거사 자체나 의거의 주인공인 이봉창에 대해 전혀 다루지 않았고, 의거와 관련한 일본정국의 추이만을 집중적으로 보도하였다.

그러면 이봉창의거에 대해 국내에서 언론통제는 실제로 어떻게 이루어졌는가? 현재 국내 신문의 보도통제에 대한 구체적인 자료가 남아 있지 않기 때문에 간접적인 방법으로 검토하고자 한다. 이봉창의거가 일어난 1932년 1월 중 일제경찰이 신문지법과 신문지규칙 위반으로 국내 신문에 내린 행정처분은 〈표 1〉과 같다.

이봉창의거를 처음으로 공식보도한 호외
(『동아일보』1932년 1월 9일)

〈표 1〉 1932년 1월 중 신문지 행정처분 건수

신문지법 위반					신문지규칙 위반						합계
치안			풍속	계	치안				풍속	계	
차압	삭제	주의		계	차압		삭제	주의			
					국내발행	수이입					
4	26			30	11	309		11	3	331	361

이 중 이봉창의거와 관련하여 신문지법 위반으로 차압된 신문은 1932년 1월 8일자 『매일신보』의 제2호 호외와 1월 10일자 『중앙일보』의 기사였다. 『조선출판경찰월보』에 이들 신문이 신문지법 위반으로 차압된 이유가 적혀 있는데, '불경사건에 관한 당국 발표와 상위相違한 기사'를 게재하였기 때문에 차압을 당하였다고 한다.

일제는 이봉창의거와 관련하여 국내신문에 대해 확실히 보도를 통제하고 있었다. 국내신문들은 이봉창의거를 보도할 때 일제당국이 제공한 내용만을 게재해야 했다. 그러면 일제가 의거에 대해 적극적으로 보도통제를 한 이유는 무엇일까.

그 첫 번째 이유는 역시 일왕이 의거의 대상이었다는 데 있었다고 할 수 있다. 일제는 국내외적으로 정국이 혼란한 가운데 일왕이 직접 처단의 대상이 되었다는 것을 널리 알리고 싶지 않았을 것이다.

둘째로는 의거로 인해 한국인의 항일 적개심이 고조되어 한국 식민통치에 영향을 주지 않을까 우려하고, 한국인은 일본의 식민통치에 만족하고 있다는 허위선전이 탄로나지 않을까 두려웠던 것이다.

셋째로는 이봉창의거와 같은 사건이 일회성으로 그칠 것으로 보지 않은 것이다. 실제로도 이후 일제에 대한 의열투쟁은 연속적으로 전개되었다.

일제가 신문 보도에 대한 통제와 동시에 취한 대책은 일본 도항자 단속을 강화하는 것이었다. 이봉창의거가 일어난 지 며칠 후인 1월 11일 일제는 각의에서 조선과 중국 등지에서 입국하는 사람들을 엄중히 경계하기로 결의하고 이에 대한 예산도 늘렸다.

일본의 '동경의거' 보도

이봉창의거 직후 일본사회는 일본의 상징이라고 할 수 있는 '천황'이 단죄의 직접적인 대상이 되었다는 사실에 대해 대단한 충격을 받았다. 물론 일왕이 한국 독립운동계의 응징 대상이 된 것은 이봉창의거가 처음은 아니다.

일본에서 무정부주의운동을 전개하던 박열朴烈은 1923년 가을 일본의 황태자 히로히토의 결혼식이 있다는 소식을 접하고 거사계획을 세웠다. 그는 그해 4월 서울에서 자신을 찾아 도쿄로 온 김중한金重漢에게 폭탄 구입을 부탁하고 일을 추진하다가 정보가 누설될 것을 우려하여 폭탄구입을 취소하였다. 그후 9월 1일 관동대지진이 발발하면서 "조선인이 방화했다" 혹은 "우물에 독약을 풀었다"는 유언비어가 나오면서 한인들에 대한 무차별적인 학살이 일어났다. 경찰의 조직적인 행동으로 인해 도쿄와 사이타마현埼玉縣·지바현千葉縣·가나가와현神奈川縣 등지에서 6,000~8,000명에 이르는 한인들이 학살을 당하였다. 이때 박열과 그의 애인 가네코 후미코金子文子도 1923년 9월 3일 일경에 체포되었고 검찰의

박열

기소 조치 이후 박열의 폭탄 구입계획이 드러나게 되었다. 그러자 일제의 검찰은 박열과 불령사不逞社 회원들에게 '대역사건大逆事件'의 혐의를 씌웠다.

다시 말해 관동대지진 때 한인들의 폭동설을 유포시킨 일제가 이를 정당화할 희생양이 필요했는데, 박열과 같은 반일 무정부주의자가 가장 적합한 인물이었던 것이다. 일제 검찰은 1924년 7월 7일 박열·가네코 후미코·김중한 세 사람의 거사계획을 천황 폐하와 황태자 전하에게 위해를 가하려 한 대역 예비죄에 해당된다면서 예심을 종결지었으나, '대역사건'에 대한 물증이나 증인을 확보하지 못하고 두 사람과 김중한의 진술에만 의존해야 했다.

'박열 사건'은 1926년 2월 26일 도쿄의 대심원 법정에서 첫 공판이 열렸고, 3월 1일 마지막 공판에서 사형이 구형되었다. 그리고 3월 25일 최종판결에서 일제는 박열과 가네코 후미코에게 형법 제73조 및 폭발물단속벌칙 제3조 위반을 적용하여 사형을 선고하였다. 그런데 검찰은 두 사람에게 사형 판결을 선고한 지 10일만에 돌연 검사총장 명의로 사법대신에게 사형에서 한 등급 감형해 달라는 '은사신청서'를 제출하였다. 일본 검찰이 이같이 신청한 사유는 두 사람의 폭탄 투척 대상이 꼭 황실에 해당하지 않았고 실현 가능성도 희박했다는 것이다. 이에 일본 정부는 4월 5일 내각총리대신 명의로 두 사람을 사형에서 무기징역으로 특별 감형한다는 이례적인 사면장을 발표하였다이로써 박열의 폭탄구입계획은 일본 왕실과 법무당국조차 인정할 수밖에 없는 근거가 미약한 '정치 조작 사건'임을 드러낸 것이지만, 박열은 일제의 조사과정과 재판장에서 일왕과 왕자를 비롯해 '정치적·경제적 실권을 쥔 모든 계급'을 폭탄 투척의 대상으로 삼았다는 것을 분명히 밝혔다.

김지섭

'박열 사건'이 왕실에 대한 단죄 사건으로 드러나자, 일제는 상당한 충격을 받고 있었다. 그 때 또다시 왕실에 대한 직접적인 폭탄의거가 발생하였다. 김지섭이 1924년 1월 6일 도쿄의 왕궁으로 들어가는 니쥬바시二重橋에 폭탄을 던졌는데, 엄밀히 말하면 일왕이 사는 왕궁을 향해 폭탄을 던졌다고 보아야 한다. 신성불가침의 금구禁區로 여겨졌던 일본 궁성에 폭탄을 던졌고, 이에 당황한 일제는 즉각 내무차관에게 책임을 묻고 경시총감 등 치안 책임자 모두를 파면시켰던 것이다.

김지섭의 의거는 일왕을 직접 대상으로 하지 않았고 왕궁을 향해 폭탄을 던졌기 때문에 일제로서도 커다란 충격을 받지는 않았다. 그렇지만 김지섭은 예심에서 폭발물 취체 벌칙 및 강도미수와 선박침입죄로 정식 재판에 회부되어 검찰로부터는 사형을 구형, 재판장으로부터는 무기징역을 선고받았다.

이와 같이 우리 독립운동사에서는 일왕 혹은 일본의 왕실을 상대로 한 의거가 이봉창의거에 앞서 두 차례나 있었다. 하지만 이봉창의거는 비록 실패로 끝났지만 일왕을 직접 대상으로 하였다는 점에서 일본정부와 일본인들에게는 커다란 충격을 준 사건이었다.

이봉창의거 후 『아사히신문朝日新聞』을 비롯하여 『도쿄일일신문東京日日新聞』·『오사카마이니치신문大阪每日新聞』 등은 1월 8일 내무성에서 발표한 내용을 일제히 호외로 내보냈다. 호외의 내용은 당연히 의거의 상황보다는 일왕의 안위에 대한 것이었다. 도쿄의 『아사히신문』은 「관병식 환행還幸의 노부鹵簿에 조선인 흉한兇漢 폭탄을 던지다」라는 제목하에, "행렬은 무사환궁, 범인 바로 체포", "침착한 태도, 근시자近侍者 모두 공구恐懼하다"라고 보도하였다. 『도쿄일일신문』의 호외도 1월 8일자 내각 발표를 인용하여 「금일 노부에 투탄, 성상폐하는 안태安泰, 불경 조선인 바로 체포」라는 제목으로 일왕의 안위를 집중적으로 보도하였던 것이다.

이같은 일본신문들의 보도 경향은 이봉창의거를 정상적인 지면으로 보도하기 시작한 1월 9일자에서도 거의 비슷하였다. 1월 9일자 『도쿄아사히신문』에서는 일왕이 폭탄 투척에도 불구하고 침착한 태도를 견지했다고 부각시켰다. 아울러 '각국 원수로부터의 문안 전보'라는 제목으로 의거 뒤 독일 대통령, 헝가리 섭정, 영국 황제, 체코슬로바키아 대통령, 프랑스 대통령, 이탈리아 황제, 오스트리아 대통령, 네덜란드 황제, 아르헨티나 대통령 등이 보낸 안부 전보를 실었다.

'동경의거' 직후 일본신문들의 보도와 관련하여 주목되는 점은 역시 이누카이 내각의 동정이었다. 『도쿄아사히신문』 1월 10일자에는 '시국이 중대한 때인 고로 유임하라'는 분부가 있었다고 하였고, 이에 대해 야당인 민정당의 나가이永井 간사장은 '우정優渟의 이름을 빌려서 유임함은 어쩐 일이냐. 신절臣節을 다하지 않은 이누카이 내각'이라고 하여 현

東京日日新聞 昭和七年一月八日（金曜日） 外號

けふ鹵簿に投彈
聖上陛下は御安泰
不敬朝鮮人直に逮捕
内閣總辭職に決定
事件直後緊急臨時閣議
内相等電報を以て辭職
警備上の失態責任處分
警視總監懲戒免官
警保局長は罰俸處分
鈴木侍從長

渡邊昌一等　某　某　李　奉　昌

이봉창의거를 보도한 「도쿄일일신문」 호외(1932년 1월 8일)

東京朝日新聞 號外 昭和七年一月八日

觀兵式還幸の鹵簿に
朝鮮人兇漢、爆彈を投ぐ
御行列は御無事還御
犯人は直ちに捕はる
御沈着なる御態度
近侍者みな恐懼す
犬養内閣總辭職決行
今夕闕下に辭表捧呈
首相御前を退す
大命再降下せん

朝鮮京城生　渡山昌一等　某　某　昌（當三十二年）

이봉창의거를 보도한 「도쿄아사히신문」 호외(1932년 1월 8일)

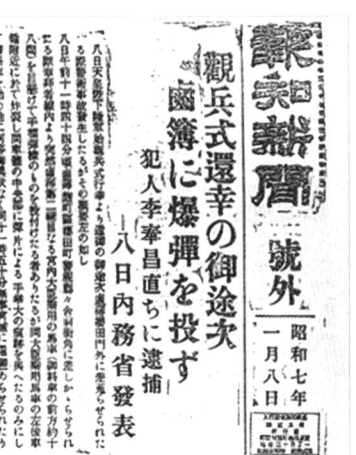

이봉창의거를 보도한 「호치신문」 호외(1932년 1월 8일)

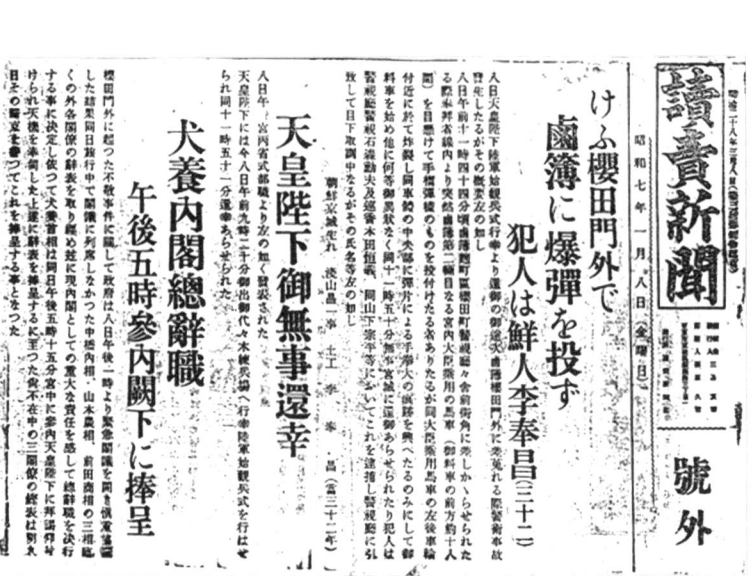

이봉창의거를 보도한 「요미우리신문」 호외(1932년 1월 8일)

내각의 유임을 비난하였다. 이봉창의거로 인해 여당인 정우회와 야당인 민정당의 정쟁으로 비화되는 양상도 보여 주었다. 특히 『도쿄아사히신문』 1월 10일자 「내각 유임과 국민 감정」이라는 사설에는 노골적으로 이누카이 내각의 유임을 비판하였다. 나아가 이러한 경향은 대륙침략전쟁에 따른 극우파의 분위기와 맞물려 이누카이 내각의 움직임을 자유롭지 못하게 제한하였다. 이같은 여론에 몰린 이누카이 내각은 1월 22일 마침내 중의원을 해산하지 않을 수 없었다.

'동경의거'에 대한 국내 신문의 보도

일제는 이봉창이 일왕을 직접 처단대상으로 삼았던 사실이 보도되는 것을 매우 염려하여 이를 적극 통제하려고 하였다. 그렇지만 사건의 중대성에 비추어 보아 보도를 계속 통제할 수만은 없었다. 이봉창의거에 대한 사실보도는 1월 10일자부터 국내신문에 게재되기 시작하였다. 이봉창의거 이후 관련기사를 보도한 국내 신문으로는 『동아일보』·『조선일보』·『중앙일보』·『매일신보』가 있었다. 의거 직후 국내 신문에 게재된 기사는 〈표 2〉와 같다.

이봉창의거에 대해 국내 신문에서는 '앵전문외 대역사건', '불경사건', '불상사건', '대역사건', '이봉창사건' 등으로 제목을 달고 있었는데 이는 일제당국의 발표를 그대로 전하였기 때문이라고 볼 수 있다. 그리고 〈표 2〉에서 가장 주목되는 점은 의거가 일어난 1월 8일 이후 1월 13일까지 의거와 직접적으로 관련 있는 기사는 1월 10일과 11일자에 국

〈표 2〉 이봉창의거 초기 국내 신문기사

일 자	동아일보	조선일보	중앙일보	매일신보
1932년 1월 8일 호외	-犬養首相 參內 總辭表를 捧呈			-차압당함
1932년 1월 9일 호외	-不祥事件에 대하야 內務省에서 公表 -犬養首相에게 優渥 御降下 -犬養內閣 留任키로 決定	-不祥事件의 責任으로 犬養內閣 總辭職		
1932년 1월 10일	-犬養內閣 總辭職 -留任의 優渥 降下 -內閣 留任 決定 -鈴木侍從長 園公을 訪問 -今回 不祥事件 責任者 處罰 -今番 不祥事件 眞正 恐懼에 不堪 -貴院과 民政意見 -李王殿下 天機를 奉伺 -不敬事件突發 御鹵簿에 爆彈投擲 陛下께옵서는 無事御還幸 -不敬事件犯人 身元에 對하야 警務局의 發表內容 -犬養首相 參內 總辭職 -今番 不敬事件 -不敬事件 犯人	-不祥事件의 責任으로 犬養內閣 總辭職 -不祥事變에 관해 -犬養氏에 優渥降下 -犬養內閣의 全員留任 決定 -警衛上 責任으로 關係官 處分 難免 -天皇陛下 還幸途中 鹵簿에 爆彈 投擲 -犯人은 京城出生 李奉昌	-觀兵式 還幸 鹵簿에 突然 手榴彈을 投擲 -宮相이 탄 馬車의 數三處를 損傷했을 뿐 -鐵道局 驛手로도 在職, 犯人은 京城出生의 李奉昌 -內務次官이하 責任者 處罰 -朝鮮人 有志名義로 各 大臣에 打電	-犬養首相에게 留任 優渥降下 -全閣員 留任 決定 -勅命을 奉하고 侍從長 園公 訪問 -不祥事件의 責任者을 處罰 -萬若 留任하면 斷然 排擊할 作定 -犯人 李奉昌의 經歷 -今井田總監의 謹話 -不敬事件과 韓相龍氏談 -恐懼至念에 不堪하는 民間有志 奉慰電 -聖上 還御 鹵簿에 突然 投擲 -咄! 怪變
1932년 1월 11일	-警視廳 幹部 辭表 受理 -內閣 留任은 不得已 -時局重大에 鑑하야 삼가 優渥을 拜	-犬養首相으로부터 優渥拜受 聲明 -內閣 留任에 對하여 民政은 反對 表明	-犬養內閣 留任 民政黨은 反對	-時局重大之秋임으로 삼가 優渥拜受

일 자	동아일보	조선일보	중앙일보	매일신보
1932년 1월 11일	－今年一月八日에 　突發한 　櫻田門外大逆事件 －檢事當局取調에 　犯行事實自白 －犯人은 一人뿐 共犯 　連累全無 －李奉昌來歷	－警視廳 幹部의 辭表는 　全員 受理		
1932년 1월 12일				－余나 總監이나 辭意는 　斷無
1932년 1월 13일		－不敬事件 後의 對策		
1932년 1월 14일	－民國日報社 破壞後 　市黨部에 大擧亂入 －市黨部大火災 －村井總領事 市長에 　嚴重抗議	－不敬事件責任으로 　警視總監 休職 －靑島日本人民團 　中市黨部等 襲擊		－靑島居留民大激昂 　市黨部襲擊 發火 －不敬事件 膺懲 　居留民大會決議
1932년 1월 19일		－不敬事件 責任 －靑島日本人과 市黨部 　抗議		
1932년 1월 22일	－不祥事件으로 柳澤伯 　追窮			
1932년 3월 24일	－櫻田門事件으로 　首相을 追窮			

한되어 있다는 점이다. 의거 자체나 이봉창의 신상에 대한 기사보다는
이누카이 내각의 동향에 대한 내용이 내부분을 차지하고 있었다.

국내 신문에서 계속해서 이누카이 내각의 동향만을 집중적으로 보도
한 이유는 1931년 12월 13일 조각된 이누카이 내각이 의거가 일어나면
서 27일만에 전원 사표를 제출하게 되었기 때문이다. 일제가 만주침략

을 단행한 이후 성립된 이누카이 내각은 군부와 밀착하여 만주의 대부
분을 점령하였으며, 1932년에 접어들어서도 1월 28일에는 상해사변을
일으켜 대륙 침략을 노골화하였다. 그런 가운데 1월 8일 이봉창의거가
일어나면서 이누카이 내각은 계속해서 야당인 민정당의 공격을 받게 되
었다. 그후 1월에 중의원을 해산하고 2월에 총선거를 실시하였다. 이에
따라 국내 신문보도도 만주사변 이후 일본정국의 변화와 관련하여 이누
카이 내각의 동향에 주목할 수밖에 없었던 것이다.

　이봉창의거에 대한 국내 각 신문의 보도내용에 대해 구체적으로 살펴
보면, 우선 1월 8일 호외를 내보낸 『동아일보』의 경우 '도쿄 8일 오후 5
시 47분 지급 전보 연합'으로 이누카이 내각의 총사퇴에 대해 구체적인
내용 없이 발행하였다. 그리고 1월 9일 『동아일보』는 3회에 걸쳐 호외를
발행하였는데 이누카이 내각의 동향과 더불어 폭탄을 던진 '범인'이 경
성 출신의 이봉창이라는 것을 간단하게 전할 뿐이었다. 이봉창의거에 대
해 본격적으로 기사를 싣기 시작하는 것은 1월 10일자부터로, 제1면에
의거발생에 책임을 지고 이누카이 내각이 총사직하고 다시 유임되었다
는 것과 이번 사건의 책임자에 대한 처벌을 중심으로 기사를 싣고 있다.
제2면에는 내무성 발표 내용을 그대로 게재하고 있으며, 이봉창의 신원
에 대해서도 경무국의 발표를 그대로 실었다.

　1월 11일자에도 제1면에 '도쿄 9일발 전통電通'으로 이누카이 내각이
유임하게 된 과정을 상세하게 다루고 있다. 특히 『동아일보』는 제2면
에 이봉창이 검사국에서 신문을 받는 과정을 자세히 다루고, 이봉창의
사진과 그가 살았던 서울 금정 182번지 가옥사진을 실었다. 이같이 『동

이봉창의거를 보도한 「동아일보」 1932년 1월 10일

이봉창의 의거를 상세히 보도한 「중앙일보」 1932년 1월 10일

이봉창 살았던 집

이봉창 생가 표지석(지하철 6호선 효창공원역 1번 출구)

아일보』가 사진을 함께 실은 이유
는 이것을 통해 은연중에 의거의
주인공을 알리려는 의도가 있었던
것으로 보인다.

『동아일보』를 제외한 국내 신문
의 보도는 도쿄발 통신을 그대로 옮
겨놓아 기사의 내용은 비슷하다. 하
지만 우리말로 번역하는 가운데 용
어의 선택이나 문의文義의 전달은 신
문마다 약간의 편차를 보이고 있다.

이봉창의 일본 이름도 『중앙일
보』와 『매일신보』는 '천산정일'이
라고 하였고, 『동아일보』와 『조선
일보』는 '조산창일朝山昌一'이라고
하였다. 이봉창이 던진 폭탄에 대
해서도 수류탄·수척탄·수투탄 등
으로 다르게 사용되고 있다. 그런
데 보도내용을 통해 알 수 있는 것
은 이봉창의거를 일제당국은 단순
한 '경위사고警衛事故'로 의미를 축
소하고 싶어했다는 점이다. 이같
은 내무성 발표를 국내의 각 신문

이 보도하면서『매일신보』는 일왕에 대한 극존칭과 일본식 표현의 '어御'를 그대로 사용하며 내무성의 발표문을 옮겨 실었다. 그렇지만 다른 신문들은 내무성의 발표문을 게재하였지만 내용을 축약하고 가능한 한 일본식 표현을 줄이려고 노력한 흔적이 보인다.

특히『중앙일보』는 앞에서 본 바와 같이 1월 10일자 기사가 일제경찰에 의해 차압을 당했기 때문에 사건의 개요만을 간략하게 게재하였다. 같은 내용을 게재하면서도 국내 신문마다 편차가 나는 것은 내무성의 발표만을 그대로 보도하지 않겠다는 의도가 숨어 있다고 보아야 할 것이다. 또한 1월 8일 이봉창의거와 관련하여 호외를 냈다가 일제경찰로부터 차압당한『매일신보』는 1월 10일자에 완전히 돌변하여「돌빼! 괴변怪變」이라는 제목으로 사설을 게재하였다. 이 사설에서 매일신보는 이봉창의 폭탄 세례를 받은 일제의 경악한 심정을 그대로 전달하고 있다. 그리고 제1면에 이누카이 내각의 총사퇴와 그 경과에 대해 도쿄발 전보를 인용하여 그대로 보도하고 있으며, 유임에 반대하는 민정당의 발표도 함께 실었다. 특히 제2면에 한상룡·박영철·신석린·조성근·김명준·민대식·박승직 등 친일파들이 식도원에 모여 결의한 내용을 사진과 함께 상세하게 실어 국내 여론이 이봉창의거에 대해 매우 비판적이라는 느낌을 받게 하였다.

1월 9일자도 이봉창의거와 관련하여 호외를 발행했던『조선일보』의 경우, 1월 10일자 제1면과 제2면에『동아일보』·『매일신보』와 같은 내용을 실었고, 1월 11일자에는 이누카이 내각의 동향에 대해 도쿄발 전보를 그대로 실었다. 그러나 이봉창 사진이나 살았던 집에 대한 사진은

신지 않았다. 『중앙일보』는 1월 10일자 1면에 이누카이 내각의 동향과 정국의 변화에 대해 자세히 다루었으며, 제2면에 이봉창의거에 대한 내용과 살았던 집의 사진을 같이 실었다.

위와 같이 이봉창의거에 대해 국내 신문들은 언론통제로 상세한 내용을 게재할 수 없었고, 일제의 발표를 축약하여 보도하는 수준이었다. 하지만 내용면에서는 신문마다 약간의 차이를 나타내고 있는데, 『동아일보』의 경우 처음부터 이 사건의 중대성을 인식하여 호외를 4차례나 발행하였다. 그리고 거사의 주인공인 이봉창의 사진과 살았던 집의 사진을 같이 게재함으로써 은연 중에 의거의 주인공이 한국인임을 알리고자 하였다. 『중앙일보』의 경우에도 이봉창이 살았던 집의 사진을 실음으로써 의거의 주인공이 누구인가를 알리고자 한 의도가 분명히 있었다고 판단된다. 하지만 『조선일보』는 당시 일본정부의 발표만을 그대로 전함으로써 사건의 중대성을 인식하지 못한 것으로 판단된다. 『매일신보』의 경우 일제의 공식보도를 상세히 전하고 있으나 그 내용이 대부분 이누카이 내각의 동향과 친일세력의 동향에 대한 것이었다.

의거가 일어난 지 4일이 지난 1월 12일 이후에는 이봉창의거와 직접 관련된 구체적인 기사는 나오지 않는다. 이봉창의거로 일본정국은 쑥대밭이 되었고 이누카이 내각이 유임된 것에 대한 반발 기사가 많았다. 대개 이누카이 내각에 대한 공격의 수단으로 이봉창의거가 이용되고 있다는 기사들이었다. 예컨대 귀족원에서 이누카이에게 의거가 일어나게 된 원인에 대해 답변을 요구하였다는 기사가 『동아일보』 1월 22일자에 실렸으며, 3월 24일자에도 이누카이가 유임된 것과 관련하여 이른바 '국체의식國體意識'을 의심한다는 질문이 있었다.

한편 상해『민국일보』를 비롯하여 중국 전역의 주요 신문과 잡지 등에 이봉창의거가 상세히 게재되기 시작하였다. 『민국일보』는 1월 9일자에 도쿄발 로이터통신을 받아 의거 기사를 게재하였고, 청도의『민국일보』도 의거 기사를 보도하였다. 이봉창의거에 관한 중국 신문의 보도가 일제의 입장에서는 '불경不敬' 기사로 게재되자 앞서 언급하였듯이 중국에 있던 일본인들이 거세게 반발하면서 민국일보사와 시당부에 대거 난입하여 기물을 파괴하는 등 만행을 저질렀다. 그리고 일제는 중국주재 각 영사들에게 관할 지방정부 장관에게 항의하고 대응 요구조건을 제시하였다.

이봉창의거로 인해 중국은 삽시간에 반일 분위기가 거세게 일어났다. 따라서 국내에서도 1월 14일부터『동아일보』를 비롯한 각 신문에서 중국에 일어난 사건의 경과를 자세히 보도하였다. 그렇지만 이봉창의거로 말미암아 일어난 중국인과 일본인의 분쟁에 대해 국내 신문들은 이봉창의거 자체보다는 중국 신문들의 보도태도와 일제의 대응에 문제의 초점을 맞추고 있었다는 한계가 있다.

12 사형을 선고받다

'대역죄'란 무엇인가

이봉창은 의거 직후 체포되자마자 이른바 '대역죄'로 신문을 받았다. 경시청 형사부장실에서 외부와의 연락이 일절 차단된 가운데 도쿄지방재판소의 미야기 나가고로 검사정의 취조를 받았다. 이 취조는 검찰이 대심원에 예심을 청구한 데 필요한 사건 보고서를 작성하기 위한 것이었다. 검찰은 사건보고서가 작성되자마자 이봉창의사를 형법 제73조에 규정된 '황실에 대한 범죄자', 즉 '대역죄인'으로서 대심원에 예심을 청구했다. '존속 살인죄'처럼 무거운 죄도 사형 이외에 '무기징역형'이 있는데 비해 천황이 일본 국민 전체의 어버이라는 사상 때문에 천황에 대해 위해를 가한 '대역죄'는 존속 살인보다 더 무겁게 처리토록 하였다.

'대역죄'는 재판 수속에 있어서 통상의 범죄와 구별하여 삼심제가 보장되지 않고, 오직 대심원의 심리만 허용되었다. 따라서 '대역죄'는 '천황제 국가'인 일본의 생명과 같이 80년 가까이 존속하였다. 그러나 '대역죄'의 건수는 불과 몇 건에 지나지 않는다. 요컨대 '대역죄'라는 것은 일본 메이지시대의 번벌藩閥세력이 사회주의자나 무정부주의자를 희생양으로 한 사상 탄압이었으며, 러일전쟁 후 구심력을 잃어가는 국민의식을 천황중심의 가치의식에 결부시킨 것이었다.

일본에서 일반적으로 '대역사건'이라고 하면 1911년 1월 고토쿠 슈스이幸德秋水 일파의 무정부주의자들이 '대역죄'로 처형된 사건을 일컫는다. 이후 박열 사건, 난바 다이스케의 섭정궁攝政宮 저격사건도 당시의 신문에는 '대역사건'이라고 하였지만, 보통으로는 1911년 고토쿠 슈스이의 대역사건을 말하며 일반명사가 아닌 고유명사로 사용되고 있다.

일본에는 당시 형법 제73조에 '대역죄'라는 것이 있었다. "천황, 대황태후, 황후, 황태자 또는 황태손에 대해 위해危害를 가하거나 또는 가하려고 한 자는 사형에 처한다"라고 규정하고 있다. 여기서 말하는 '위해'라는 것은 생명, 신체, 자유에 대한 실해實害 또는 구체적 위험을 의미하고, 또한 "위해를 가할 수 있다"는 것은 위해를 가할 수 있는 기행企行 즉, 실행 또는 구체적 위험의 발생 전에 있는 행위 즉, 예비·음모·교사·방조 등을 포함한다는 것이다. 따라서 이 범죄에서 교사와 방조는 독립의 범죄가 되고, 교사범과 종범에 관한 형법의 적용을 받지 않는다. 그 처벌은 '사형' 단 하나이며, '무죄'이거나 '사형' 둘 중에 하나뿐이다. 당시 재판소구성법에 의하면 형법 제73조에 해당하는 사건의 재판은 대심원에서만 할 수 있었고, 대심원은 지금의 최고재판소에 해당한다. 재판은 제1심으로 종결되고 더 이상 상고의 길은 없었다.

이봉창은 1932년 9월 30일 두 번째 공판에서 사형을 선고받았다. 그에게 사형이 선고되던 그 시간에 일본 사법성은 이봉창의거의 개요를 발표했는데, 여기서도 그가 자신의 행위에 대해 깊은 반성을 한 것처럼 조작되어 있다.

조작된「신문조서」

이봉창은 1932년 1월 8일 체포된 이래로 6월 27일까지 9차례에 걸쳐 예심판사의 신문을 받아야만 했다. 제1회 신문은 의거 직후 경시청에서 예심판사 아키야마 다카히코에 의해 이루어졌으며 이름·나이·직업· 주거·본적 및 출생지 등 신상을 확인하였다. 제2회 신문은 1월 11일 도요다마 형무소에서 예심판사 아키야마 다카히코에 의해 진행되었는데, 이때 이봉창은 일왕의 목숨을 빼앗을 심산으로 거사를 했다고 하면서 자기의 거사가 정당함을 당당히 표명하였다.

1월 12일 제3회 신문에서도 죽을 각오로 일왕의 생명을 빼앗으려 하였지만 폭탄의 위력이 작아 실패한 것에 대해 유감으로 생각한다고 하였다. 그는 거사전에 폭탄의 성능을 시험해 보자고 했으나 김구가 위력이 대단한 폭탄이라고 말하면서 시험하지 않아도 괜찮다고 하여 시험을 하지 않은 것을 한탄하였다. 이봉창의거의 실상은 2회 및 3회 신문을 통해 거의 드러난 것이나 다름없었다. 제3회까지의「신문조서」를 통해 의거에 임하는 이봉창의 심경이 그대로 드러나 있음을 확인할 수 있다. 그래서인지 제4회, 제5회 신문은 열흘 내지 보름 정도의 간격을 두고 사실 확인과 관련된 문제들을 중심으로 이루어지는 정도였다. 주로 그가 민족차별에 대한 반감의식이 어떻게 형성되었는가에 초점이 맞춰져 있었다. 이때도 이봉창은 민족차별에서 비롯된 자신의 생각을 명쾌하게 피력하였다. 제6회 신문에서는 한국독립을 바라게 된 과정을 말하면서, 자신이 결행한 거사가 한국의 독립을 촉진시키기 위한 방편으로 실행된 것이라는 사실도 밝혔다.

이봉창은 시종일관 자신은 일왕을 죽이기 위해 폭탄을 던졌다고 역설하였다. 제7회 「신문조서」에서는 한민족이 전반적으로 독립을 희망하고 있기 때문에 민족을 대

이봉창 「신문조서」

표하여 제일선의 희생자로서 거사를 결행한 사실을 강조하였다. 이봉창은 의거 이후부터 제8회 3월 11일까지 「신문조서」의 내용상 일관성이 있었다.

제9회 신문은 제8회 신문이 있은 지 3개월 16일만인 6월 27일에 열렸다. 무슨 이유로 신문이 늦어졌는지 알 수 없지만, 그동안의 신문 내용으로 볼 때 일제 당국으로서도 더 이상 캐낼 것이 없다고 판단했을 것으로 여겨진다.

169

마지막 신문인 제9회는 지극히 간결하게 진행되었다. 예심판사의 질문은 세 가지였다. "첫째 의거를 어떻게 생각하고 있는가? 둘째 한국독립에 대해 어떻게 생각하고 있는가? 셋째 한국인을 행복하게 해주기 위해서는 어떻게 했으면 좋겠는가?"라는 것이었다. 첫 번째 질문에 대해, 이봉창은 이렇게 대답하였다고 한다.

"형무소에 수용된 후 불교의 이야기를 듣거나 불교의 책을 읽거나 하여 여러 가지 생각을 한 결과 나의 사상은 내가 사바에 있을 때와 아주 다르게 변했다. 김구로부터 부추김을 받아 결국 그런 마음이 생겨 일왕에 대해 난폭한 짓을 했지만, 오늘에는 굳이 김구를 원망하지는 않으나 그 사람의 부추김에 놀아난 나 자신의 어리석음을 원망하고 있다. 나의 어리석음으로 엄청난 짓을 해 참으로 변명의 여지가 없다."

이봉창의 진술은 이전과는 확연히 다르게 자신의 잘못을 후회하고 반성하는 것으로 되어 있었다. 이는 그동안의 진술내용과는 '대반전'을 이루는 것이었다. 그러나 앞서의 진술내용을 빼놓고 제9회 신문만을 보면, 마치 이제까지의 진술을 총정리하거나 재확인하는 형태처럼 진행되었다. 끝으로 "나는 자신의 어리석음 때문에 여러분에게 폐를 끼쳐 어떻게 하면 사죄하는 것이 좋을는지 모르지만, 다만 이제는 하루라도 빨리 형을 받아 사죄하고 싶다"는 것으로 모든 신문을 끝냈다.

제9회 「신문조서」에서 더욱 이상한 점은 제8회까지 진술과정에서 한 번도 본명을 거명한 적이 없는 '김구'라는 이름을 처음으로 거명하고 있는 점이다. 그런데 이봉창이 김구를 지칭한 것은 오직 한 번뿐으로 진술 뒷부분에 가서는 다시 '백선생'이라 부르고 있다. 일제가 김구의 사진을 제시하면서 백정선의 실체를 추궁할 때도 '백정선인 듯하다'며 일부 수긍하면서도 결코 김구의 이름을 대지 않았던 이봉창이었다. 계속되는 「신문조서」에 나타나듯이 이후에도 '백정선'이란 호칭은 변하지 않았다. 이것은 제9회 「신문조서」의 내용이 이봉창 본인의 진술이 아니라는 것을 단적으로 보여 주는 것이다. 즉, 일제가 위작僞作하는 과정에서 나타난 실수로 추정된다.

예심판사 아키야마 다카히코는 6월 30일 형법 제73조에 해당하는 범죄로 그 혐의가 충분하다는 의견을 첨부하여 서류 및 증거물과 함께 대심원 특별형사부에 송부하였다. 7월 8일 대심원 특별형사부 재판장 판사 시마타 데쓰요시島田鐵吉는 검사총장 앞으로 취조 종료사실과 함께 의견을 구하는 의견서를 보냈고, 검사총장은 7월 13일 대심원 특별형사부 재판장 판사 앞으로 대심원에서 공판을 개시해야 한다는 의견서를 보냈다.

그리하여 7월 19일 대심원 특별형사부는 공판을 개시하기로 하였다. 9월 9일 대심원 제2특별형사부 법정에서는 공판을 위한 준비조서가 만들어졌다. 이때 이봉창의 진술 태도 역시 제9회 신문 때와 크게 다르지 않았다. 오히려 예심에서 마지막 진술한 것에 대해 약간 추가했으면 좋겠다는 자청을 하고, 예심판사로부터 한국인의 행복에 대해 질문을 받는데, 다음과 같이 진술하였다는 것이다.

"나는 지금까지 사상이라는 글자에만 매달려 있었을 뿐 실제의 사상에 대해서는 알지 못했다는 사실을 깨달았다. 지금까지 그릇된 사상 때문에 여러분에게 괴로움을 끼친 것을 스스로 부끄럽게 여기고 있다."

"사상이라는 것은 조선독립을 뜻하는 것인가?"

"그렇다. 사상이 잘못되어 있는 것을 나 이외의 모든 사람에게 알려주고 선도해 주고 싶다. 이것만은 추가해 주기 바란다."

신문과정이 철저하게 비공개로 진행되었기 때문에 진실 여부를 확인하기란 불가능하다. 그러나 분명한 것은 민족차별에 사뭇치던 그가 죽음을 뛰어넘는 의거를 결행하기까지의 자취를 볼 때, 너무나도 어울리지 않는 내용의 진술이라는 점이다.

마지막 순간에 돌변하는 이봉창의 모습은 말 그대로 '음모'와 '조작'으로 얽혀진 '대역죄'의 짜맞추기 틀이 아니고서는 도저히 있을 수 없는 내용인 것이다. 게다가 재판관의 판결에 앞선 검사총장의 논고는 '대역사건'을 다루는 일제의 입장과 이봉창의거의 진실 날조의 목적이 어디에 있었던가를 명백하게 보여 주고 있다. 검사총장의 논고는 이봉창이 남의 선동에 의해 경거망동한 자, 민족적 편견에 사로잡혀 대세의 흐름에 역류한 자, 식민지 통치의 은덕을 모르는 배은망덕한 자, 그리고 끝내 그 사실을 뒤늦게 깨닫고 '회개'한 자로 만들고자 했던 것이다.

이봉창은 의거 이후 줄곧 일제 예비판사의 신문을 받으며 자기의 거사가 정당함을 당당히 표명하였다. 그런데 많은 속기록 중 맨 마지막 두 줄만이 "후회하느냐"에 "예, 후회합니다"로 되어 있다. 이봉창이 공판의 막판에 돌연히 후회하고 있다고 표명하고 있는 것은 이상하다. 이는 '대역죄인'의 '회개와 반성' 없이는 사건을 종결시킬 수 없었던 일제 당국이 제9회 「신문조서」에 갑자기 회개와 반성을 넣은 것으로 볼 수 있다.

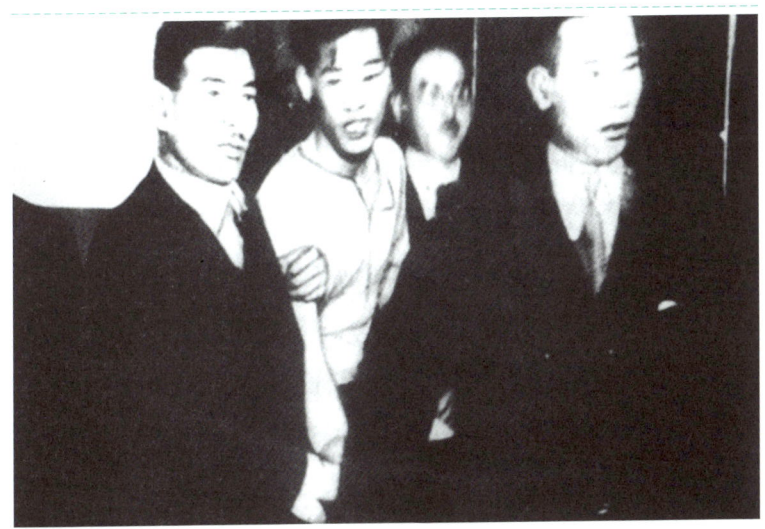

경시청 조사실로 끌려가는 이봉창

이봉창에 대한 첫 번째의 공판은 1932년 9월 16일 대심원 제2특별형사
부 법정에서 개최되었다. 대심원 주위에 경찰의 삼엄한 경계가 펼쳐진
가운데 오전 9시에 개정되었다. 공판에는 재판장을 맡은 와니 데이키치
和仁貞吉 대심원장을 비롯하여 배석판사 이케다 도라지로池田寅二郎·나카
니시 모치요시中西用德·모토지 신쿠마泉二新熊·고모부치 기요오菰淵清雄 등
5명, 보충판사 1명, 재판소 서기 2명, 검사총장 하야시 라이사부로林賴三
郎 검사 야오이 슈사쿠矢追秀作, 변호사 2명이 입회하였다. "본건은 안녕
질서를 해칠 우려가 있으므로 공개를 금지해야 한다"는 검사의 요구에

법정으로 가는 이봉창

따라 특별방청이 허가된 이외의 방청인은 모두 퇴장한 가운데 비공개로 열렸다.

검사의 공소사실 진술과 재판장의 이봉창에 대한 신문, 변호사의 변론 순으로 진행되었고, 오후에도 공판이 속개되어 증거물과 증인 신문, 이봉창에 대한 재판장 신문 등이 있었다. 신문이 끝나자 재판장은 사실 및 증거조사가 종료되었음을 알렸다.

그리고 마지막으로 하야시 라이사부로 검사총장은 이봉창에게 구형하였다.

"피고인의 행위는 황공하옵게도 천황의 행차 행렬을 침해한 천지에 용서받지 못할 대죄이다. 따라서 처음부터 추호의 가차도 허용할 수 없는 것으로 '형법 제73조 및 폭발물취체 벌칙 제1조'에 해당되어 사형에 처한다."

이에 대해 이봉창의 변호를 맡은 우자와鵜澤總明·야마구치山口貞吉 두 변호사는 정상참작을 해야 한다고 변론을 하였다.

두 번째 공판은 9월 30일 대심원 제2특별형사부에서 일반인들에게 공개로 열렸다. 와니 재판장은 미리 준비한 판결문에서 선고하였다.

"피고인 이봉창을 사형에 처한다. 피고인의 행위는 형법 제73조 천황에 대해 위해를 가한 죄에 해당함과 함께 폭발물 취체 벌칙 제1조의 죄에 해당하는 것으로 형법 제54조에 의해 무거운 전자前者의 형으로 처단한다."

예정된 각본에 의해 '사형'을 언도받았다.

이봉창에게 사형이 선고되던 바로 그 시각 일제의 사법성은 '동경의거'의 개요를 발표하였다. 당시 국내 신문은 보도통제를 받고 있었기 때문에 이봉창의 공판이 열리고 사형이 집행되었는데도 이에 대한 기사는 매우 간단하게 처리되고 있었다. 이봉창의 공판과정과 사형집행에 이르기까지 국내 신문기사를 정리하면 〈표 3〉과 같다.

이봉창의거 직후와는 달리 『중앙일보』와 『조선일보』에는 이봉창의 공판과 사형에 대한 기사가 없었다. 왜냐하면 『중앙일보』는 1932년 5월

〈표 3〉 이봉창의 공판과 사형 관련 기사

일 자	동아일보	중앙일보	매일신보
1932년 9월 11일			−大逆犯 李奉昌의 準備公判을 開廷
1932년 9월 15일	−李奉昌事件 三知事譴責		
1932년 9월 17일	−大逆事件 犯人 李奉昌 特別公判 今日 開廷		−大逆犯 李奉昌 嚴戒裡 開廷
1932년 9월 18일	−大逆犯 李奉昌 特別公判 結審		−李奉昌公判
1932년 9월 28일	−李奉昌事件 30日에 言渡		
1932년 10월 1일	−櫻田門外 大逆事件 犯人 李奉昌에게 死刑宣告 −大逆事實 槪要		−大逆犯 李奉昌 死刑
1932년 10월 11일	−李奉昌 死刑 執行		−李奉昌의 死刑 執行
1933년 1월 9일	−李奉昌 一派의 某種不穩計劃 暴露	−東京警視廳 俄然 大緊張	
1933년 1월 13일			−李奉昌 一派의 不穩 朝鮮人

부터 11월 초까지 신문이 발행되지 않았으며, 『조선일보』의 경우에도 1932년 8월 2일부터 11월 22일까지 정간되었기 때문이다. 이봉창에 대한 기사는 『매일신보』 9월 11일자에 처음 보도되었다. 그후 이봉창이 일본에 거주하였던 효고·교토·아이치현 지사가 사찰과 내정을 하지 않았다는 이유로 견책을 받았다는 기사가 『동아일보』 1932년 9월 15일자에 보인다.

『동아일보』와 『매일신보』는 특별공판이 대심원 형사대법정에서 시작

大逆犯李奉昌의

準備公判을 開廷

비공개리동경지방재판소서

公判은 十六日로 決定

意外로 率直히

犯行을 自白

公判週付李된奉昌

이봉창의사의 공판이 1932년 9월 16일 개정된다는 보도(『매일신보』 1932년 9월 11일)

大逆犯李奉昌

特別公判結審

◇犯行經過는 大概是認한듯

判決은 來月初旬頃

공판 관련 기사(『동아일보』 1932년 9월 18일)

李奉昌死刑執行

今十日午前九時二分

사형집행 기사(『동아일보』 1932년 10월 11일)

되었다고 9월 17일자와 18일자로 이틀 동안 보도하였다. 기사의 전체적 내용은 비슷하지만 보도 태도는 상당히 달랐다.

『동아일보』는 일제당국이 제공한 발표문을 축소하여 보도한 데 비하여, 『매일신보』는 '대역의 죄를 회개한 듯', '회오의 빛을 보이며'라는 문장을 의도적으로 넣어 이봉창이 자신의 거사를 뉘우치는 듯이 보도하고 있다.

그리고 10월 1일자 『동아일보』는 사형을 선고받았다는 기사를 이봉창의 사진과 함께 보도하였으며, 사법성에서 발표한 「대역사실 개요」도 게재하였다. 그리고 10월 11일자에는 도쿄발 전통을 그대로 인용하여, 이치가야市ヶ谷형무소에서 사형이 집행되었음을 보도하였다. 이에 반하여 『매일신보』의 경우에는 10월 1일자로 이봉창의 사형언도에 대해 도쿄발 전문만을 간단히 보도하였으며, 10월 11일자로 "대역범 이봉창은 10일 오전 9시 2분 사형이 집행되었다"라는 기사를 단신으로 보도하였다.

이처럼 이봉창의 공판과정과 사형집행에 대한 일제의 보도 통제 속에서도 『동아일보』는 10월 11일자에 이봉창이 사형되었다는 기사를 또한번 게재함으로써 의거의 주인공을 알리려고 매우 애를 썼다.

한편 앞에서 언급한 바와 같이 1932년 1월 9일 상해 『민국일보』를 시작으로 중국 전역의 주요 신문과 잡지 등에 이봉창의거가 게재되면서 중국인들에게 반일의식을 일깨워 주고 있었다. 그 때문에 한인애국단장 김구는 1932년 9월 28일 의거의 경위와 의의, 이봉창의 생애와 약력 등을 담은 장문의 「동경작안의 진상」을 발표하였다.

이 글은 10월 9일 중국통신사에 보내졌고 각 신문사에 배포되어, 15

이봉창의 사형이 집행된 이치가야형무소(지금은 자위대 본부 자리)

일자 상해의 『신강일보』와 남경의 『중앙일보』에 게재되어 중국인들에게 상당한 파급효과를 일으켰다. 그럼에도 불구하고 국내신문에서는 그 내용이 전혀 게재되지 못하였다. 이로 미루어 보아 일제는 이봉창의 사형집행 이후에도 의거와 관련된 기사가 국내 신문에 게재될 수 없도록 철저히 통제를 하고 있었다는 것을 알 수 있다.

유해 봉환

1932년 10월 10일 도쿄의 이치가야형무소에서 사형이 집행되어 순국하였다. 그의 유해는 사이타마현埼玉縣 우라와시浦和市의 우라와형무소 묘지에 매장되었다.

'동경의거'를 일으킨 영웅이었지만 아무도 찾지 않았고 쓸쓸히 일본에서 잠들어 있었다. 1945년 8월 15일 일제가 패망하고 광복을 되찾게 되면서 중국 중경의 임시정부도 환국을 하였다. 그해 11월 23일 백범 김구를 비롯한 임시정부 요인들도 귀국하였다.

김구는 '동경의거'와 '홍구공원의거'의 기획자로서 귀국과 동시에 이봉창과 윤봉길 두 의사의 유족들을 만났다. 당시 서울에 살고 있던 이봉창의 조카 이은임을 만났고, 충남 예산에서 올라온 윤봉길의 아들도 만나 유족들을 위로하였다.

김구는 일본에서 출옥한 박열에게 이봉창과 윤봉길, 그리고 백정기 세 의사의 유해를 고국으로 봉환해 달라고 부탁하였다. 박열은 일본에 이봉창과 마찬가지로 일왕을 척결하려 했다는 죄목으로 아키다秋田형무소에 23년 수감되었다. 박열은 일본에 진주한 미군정의 '정치범 즉시 석방'에 관한 포고령에 의해 1945년 10월 27일 아키다형무소에서 석방된 뒤, 11월 26일 도쿄로 돌아왔다. 그는 그뒤 1946년 1월 20일 열린 '신조선건설동맹' 창립대회에서 위원장으로 선출되었다. 신조선건설동맹은 그해 가을에 우파단체를 통합하여 재일조선인거류민단으로 발족되었는데 박열을 중심으로 나라를 위해 순국한 애국지사들의 유해를 고국으로 반장시키는 작업을 시작하였다.

박열은 일본에서 같이 옥살이를 한 이강훈과 서상한 등과 더불어 세 분 의사의 유해를 수습하고자 하였다. 먼저 이봉창의 유해를 수습하기 위해 우라와형무소에서 교회사教誨師로 일했던 일본인을 찾아 물어본

大韓殉國烈士遺骨奉還會場

순국열사 유골 봉안회장의 김구 일행

이봉창 국내 유해 봉환

즉, 우라와형무소 부속묘지에 묻혀 있다는 것을 확인할 수 있었다. 이후 일본 사법대신을 만나 이봉창의사의 유해수습에 관해 협의를 하였고, 이어 형무소로 찾아가 형무소장에게 유해를 수습하러 왔다고 하였다. 그러자 형무소장은 처음에 이봉창의 유해가 어디에 묻혀있는지 모른다고 하였다. 이에 서상한이 가르쳐 주지 않으면 최후의 수단을 쓸 수밖에 없다고 강경하게 나가자, 교무관을 불러 묻힌 장소를 가르쳐 주었다.

이봉창의 유해를 수습한 후 나가사키長崎에 있는 백정기 의사의 유해를 수습하고, 마지막으로 윤봉길의 유해를 수습하기 위해 가네자와金澤로 갔다. 그러나 일본인들이 윤의사의 유해를 묻힌 곳을 일러주지 않자 "이 부락의 묘를 전부 파보겠다"고 하였더니 그 장소를 일러주었다. 묘를 파보니 목제 십자가·자색 양복·검정 구두·중절모와 유골이 있었다.

신조선건설동맹 청년동맹원 3천 명이 세 의사의 유해를 앞세우고 이봉창이 거사를 일으킨 사쿠라다몬 안으로 들어가 그를 기리는 연설을 하고 애국가를 제창한 후 만세삼창을 불렀다. 그리고 세 분의 유해를 신조선건설동맹의 본부사무소에 안치하였다.

그후 세 의사의 유해는 1946년 4월 20일 일본 도쿄를 출발하여 5월 15일 부산항에 도착하여 부산시내 대창동의 부립 유치원에 안치되었다. 그리고 한 달 후인 6월 15일 정오 부산 공설운동장에서 세 의사에 대한 추도회가 개최되었다. 이 추도회에는 김구를 비롯하여 엄항섭 등의 애국지사들이 참석하여 고인의 명복을 빌었다.

추도회 다음 날 부산역에서 영결식이 거행되었고 해방호 열차로 세 분의 유해는 서울로 왔다. 열차가 지나는 역마다 수많은 인파가 몰려와

이봉창 묘(효창공원)

이봉창 어록비(독립기념관 경내)

애도의 뜻을 표했으며 대구에서는 심산 김창숙 등이 애도를 표하였다. 이날 오후 5시 40분 서울역에 세 분의 유해를 실은 열차가 도착하였을 때 김규식을 비롯하여 원세훈·조완구 등의 인사들이 봉영을 위해 기다리고 있었다.

세 의사의 유해는 서울역 광장에서부터 시민들의 애도를 받으며 수송동의 태고사로 운구되었다. 그곳에는 이승만 등이 목례하는 가운데 불교식으로 안위식을 갖고 임시 봉안소에 안치되었다.

이봉창을 비롯한 세 의사가 묻힐 장소를 서울 근방에서 물색하였으나 적당한 곳을 찾지 못하였다. 이에 김구가 효창원을 장지로 정하는 것이 좋겠다고 하여 그곳으로 결정하였다. 세 분 의사들에 대한 정식 장례식을 위해 당시 미군정청과 교섭한 결과 국민장으로 치르기로 하였다.

1946년 6월 30일 세 분 의사의 국민장을 거행하기로 하고 29일 조선불교총무원은 봉도법요의식을 거행하였다. 그러나 국민장 당일 계속되는 장마로 어쩔 수 없이 7월 6일로 연기되었다. 국민장을 앞둔 7월 4일 김구는 「동포에게 고함」이라는 성명서에서 이봉창과 윤봉길의거가 민족 독립을 위한 거사였다는 점을 분명히 하였다.

이봉창·윤봉길·백정기 세 의사의 유해는 7월 6일 오전 10시 태고사를 떠나 12시 40분 효창원에 도착하였다. 영결식은 오후 1시 김구·이승만을 비롯하여 오세창·이시영·여운형·김창숙·정인보 등과 각 정당 및 단체 대표 등 5만여 명이 참석한 가운데 거행되었다.

이봉창의 삶과 자취

1901. 8. 10	서울 용산구 원정(원효로) 2가 3통 3반에서 부친 이진구와 어머니 손씨 사이의 둘째 아들로 태어남. 김구의 「동경작안의 진상」에는 1900년 출생한 것으로 기록
1910	천도교에서 세웠다는 사립 문창학교에 입학하여 4년 과정 수료
1914	집안형편으로 상급학교에 진학할 수가 없어, 일본인이 경영하는 '와다에이세이도' 과자점 점원으로 취직
1916	서울 한강통(현재는 한강로) 16번지에 있는 무라타 시계가스가 경영하는 약방에 취직
1918. 8	용산역의 용인으로 채용되어 연결수 역부가 됨
1925. 10	조카 이은임과 함께 일본 오사카로 건너감
1926. 2	오사카가스회사 상용인부로 일함
9	각기병에 걸려 오사카 자혜병원에 입원
12	효고현 성기군 삼강촌 하궁에서 요양
1928. 2	오사카 스미도모 신동소의 아마가사키출장소의 상용인부로 취직
11. 8	교토에서 거행되는 일왕 히로히토의 즉위식을 구경하기 위해 갔다가, 고조경찰서 유치장에 갇혀 고초를 겪음
1929. 2	오사카 쯔루하시에 있는 비누 도매상에 일본인이라 속이고 점원생활 시작

1929. 9		오사카에서 도쿄로 와 요리점, 해산물 도매상, 가방점 등을 전전하면서 일함
1930. 12. 11		오사카 지코에서 카사기환을 타고 중국 상해로 망명
1931. 1		중국 상해 프랑스조계내의 대한민국 임시정부를 첫 번째로 찾아감
	3	김구와의 두 번째 만남에서 '일왕에 대한 척살'에 대해 언급
	4	김구와 '동경의거'에 대한 대략적인 계획을 세움
	11. 15	하와이 애국단의 임성우 등 김구에게 거사자금 1천 달러를 송금
	12. 13	한인애국단에 정식으로 가입하고, 폭탄 2개와 태극기를 배경으로 사진을 찍음
	12. 15	폭탄과 자금을 준비한 김구가 준비가 완료되었음을 알림
	12. 17	거사를 결행하기 위해 우편선 고오리가와환을 타고 상해를 떠남
	12. 19	일본 고베항에 무사히 도착
	12. 20	상해의 인옥잡화점 아주머니가 나라에 있는 딸에게 보내는 선물 전달
	12. 21	도쿄에 사는 인옥잡화점 아주머니 아들에게 줄 선물을 우편으로 보내고, 상해에 있을 때 사귄 시다가와 영사가 부탁한 축음기 커버도 다음날 우편으로 부침
	12. 22	오사카역에서 열차를 타고 오후 9시 20분경 도쿄에 도착함
	12. 28	『도쿄아사히신문』에 1932년 1월 8일 요요기 연병장에서 일왕이 참석하는 관병식을 거행한다는 기사를 보게 됨
1932. 1. 4		정금은행에서 김구가 보낸 100원을 찾음
1932. 1. 7		일제경찰의 검문을 피하기 위해 가와자키시 다마키로라는

유곽에서 숙박

1. 8   일본 도쿄 경시청 앞에서 의거를 단행

1. 9   국내에 있던 친일세력, 서울의 요정 식도락에 모여 이봉창 의거와 관련하여 사죄행각을 벌임

1. 9   중국 상해에서 발행되는 『민국일보』가 이봉창의거를 보도하여, 거류 일본인들 소요를 일으킴

1. 10   한국독립당, 「대이봉창저격일황사건」이라는 제목의 선언을 발표

1. 12   중국 청도의 『민국일보』, 이봉창을 '의사'로 지칭하여 보도. 청도 거류 일본인들 민국일보사에 난입하여 권총을 난사하고, 중국국민당 시당부를 습격하여 건물 방화

1. 18   일본 육군소좌 다나카 류키치, 무뢰배를 고용하여 일본인 일련종 승려를 공격하는 사건을 조작

1. 20   일본인 50~60명, 무장군경의 엄호를 받으면서 삼우실업사를 침공

1. 22   이누카이 쓰요시 일본수상, 중의원을 해산

1. 28   일본해군, 밤 11시 25분 '상해사변'을 일으킴

4. 1   교민단 의경대원인 최흥식, 관동군 사령관 혼조 시게루 대장, 만철총재 우치다 야스야, 관동청 장관 야마오카 만노스케를 폭살시키기 위해 대련에 도착

4. 27   유상근, 김구로부터 폭탄 2개를 받고 상해를 출발하여 대련으로 향함

4. 29   윤봉길, 일제의 천장절 및 전승기념식 행사 때 홍구공원에서 의거를 일으킴

5. 15   이누카이 수상, 극우세력인 해군 청년 장교들에게 암살 당함

1932.	5. 24	한인애국단원 최흥식 체포됨. 그 다음날 유상근과 이성원·이성발 형제가 붙잡힘
	6. 27	일제에 9차례에 걸쳐 예심판사의 심문을 받음
	9. 16	첫 번째 공판이 열림
	9. 30	두 번째 공판에서 사형을 선고받음
	9. 29	김구, 「동경작안의 진상」을 씀
	10. 10	이봉창, 도쿄의 이치가야형무소에서 사형이 집행되었고, 그의 유해는 사이타마현 우라와시의 우라와형무소 묘지에 매장
	10. 15	김구가 쓴 「동경작안의 진상」, 상해의 『신강일보』와 남경의 『중앙일보』에 게재되면서 '동경의거'의 진상이 세상에 알려짐
1946.	4. 20	이봉창·윤봉길·백정기 세 의사의 유해, 일본 도쿄를 출발하여 환국
	5. 15	이봉창·윤봉길·백정기 세 의사의 유해, 부산항에 도착하여 부산시내 부립유치원에 안치
	6. 15	이봉창·윤봉길·백정기 세 의사 추도회가 부산 공설운동장에서 개최
	7. 6	서울 효창원에서 이봉창·윤봉길·백정기 세 의사의 영결식 거행
1962		대한민국정부, 대통령장 추서

참고문헌

자료

- 『동아일보』, 『조선일보』, 『중앙일보』, 『매일신보』, 『民國日報』(상해), 『申報』 (상해), 『中央日報』(남경), 『時報』(상해), 『時事新報』(상해), 『大公報』(천진), 『東京朝日新聞』, 『大阪毎日新聞』, 『北國新聞』, 『大晚報』.
- 국사편찬위원회 편, 『대한민국임시정부 자료집』 28~30(한인애국단I~III), 2008.
- 국회도서관 편, 『한국민족운동사료』(중국편), 1976.
- 김구, 『백범일지』.
- 단국대 동양학연구소 편, 『이봉창의사재판관련자료집』, 단국대학교 출판부, 2004.
- 백범김구선생전집편찬위원회 편, 『백범김구전집』 1~12, 대한매일신보사, 1999.
- 선우진, 『백범 김구』, 태극출판사, 1970.
- 정정화, 『녹두꽃』, 미완, 1987.
- 추헌수 편, 『자료 한국독립운동』 1~5, 연세대학교 출판부, 1971~1975.
- 『THE SHANGHAI TIMES』, 『NORTH CHINA DAILY NEWS』, 『THE CHINA WEEKLY REVIEW』.

단행본

- 김명섭, 『한국아나키스트들의 독립운동』, 이학사, 2008.
- 김학준, 『매헌 윤봉길평전』, 민음사, 1992.
- 김희곤, 『중국관내 한국독립운동단체연구』, 지식산업사, 1995.

- 맥켄지 저(이광린 역), 『한국의 독립운동』, 일조각, 1987.
- 배경식, 『기노시타 쇼조 – 천황에게 폭탄을 던지다』, 너머북스, 2008.
- 山口隆, 『上海抗日鬪爭と韓國獨立運動 – 4月29日の尹奉吉』, 社會評論社, 1998.
- 엄항섭, 『屠倭實記』, 국제문화협회, 1946.
- 윤남의, 『윤봉길일대기』, 정음사, 1975.
- 이민수, 『윤봉길전』, 서문사, 1976.
- 이봉창의사기념사업회, 『이봉창의거의 진실과 왜곡』, 2006.
- 이봉창의사장학회, 『이봉창 의사와 한국독립운동』, 단국대 출판부, 2002.
- 이현희, 『이봉창 의사의 항일투쟁』, 국학자료원, 1997.
- 임중빈, 『천추의열 윤봉길』, 인물연구소, 1975.
- 조범래, 『한국독립운동의 역사 – 의열투쟁 II – 한인애국단』, 한국독립운동사연구소, 2009.
- 채근식, 『무장독립운동비사』, 민족문화사, 1985.
- 홍인근, 『이봉창평전 – 항일애국투쟁의 불꽃, 그리고 투혼』, 나남출판, 2002.

논문
- 김광재, 「윤봉길의 상해의거와 '중국측 역할'」, 『한국민족운동사연구』 33, 한국민족운동사학회, 2002.
- 김도형, 「이봉창의사 의거에 대한 국내신문의 보도와 여론의 동향」, 『이봉창의거의 진실과 왜곡』, 이봉창의사기념사업회, 2006.
- 김도형, 「임시정부의 친일파 처단과 의열투쟁」, 『대한민국임시정부수립80주년기념논문집』, 국가보훈처, 1999.
- 김상기, 「윤봉길의 상해의거에 대한 일본언론의 보도」, 『윤봉길의사의 상해의거와 독립운동』, 매헌윤봉길의사기념사업회, 2008.
- 김용달, 「김지섭의 생애와 이중교 투탄의거」, 『한국독립운동의 인물과 노선』, 한울아카데미, 2004.

• 김용달, 「이봉창의거에 대한 한·중·일의 반향」, 『이봉창의사와 한국독립운동』, 단국대학교 출판부, 2002.

• 김창수, 「한인애국단의 성립과 활동」, 『한국독립운동사연구』 2, 한국독립운동사연구소, 1988.

• 김희곤, 「이봉창의사 의거와 상해사변」, 『이봉창의거의 진실과 왜곡』, 이봉창의사기념사업회, 2006.

• 山下靖典, 「이봉창 의사에 관한 일본자료 현황」, 『이봉창의사와 한국독립운동』, 단국대학교 출판부, 2002.

• 신용하, 「백범 김구와 한인애국단의 의열투쟁」, 『백범과 민족운동연구』 1, 백범학술원, 2003.

• 신용하, 「백범 김구의 일제 침략전쟁에 대한 독립운동 전략 – 특공작전과 외교」, 『백범과 민족운동연구』 5, 백범학술원, 2007.

• 신용하, 「윤봉길의 상해의거와 그 의의」, 『한국독립운동과 윤봉길의사』, 매헌윤봉길의사기념사업회, 1992.

• 신용하, 「윤봉길의 상해홍구공원 의거」, 『대한민국임시정부수립80주년기념논문집』, 국가보훈처, 1999.

• 신용하, 「윤봉길의사의 상해의거와 그 역사적 의의」, 『윤봉길의사의 상해의거와 독립운동』, 매헌윤봉길의사기념사업회, 2008.

• 윤병석, 「1932년 '상해의거' 전후의 국제정세와 독립운동의 동향」, 『한국독립운동과 윤봉길의사』, 매헌윤봉길의사기념사업회, 1992.

• 장석흥, 「이봉창의사 신문·재판과정에서 일제의 날조와 허위성」, 『이봉창의거의 진실과 왜곡』, 이봉창의사기념사업회, 2006.

• 조동걸, 「이봉창 의거의 역사성과 현재성」, 『이봉창의사와 한국독립운동』, 단국대학교 출판부, 2002.

• 조동걸, 「한인애국단의 의거」, 『독립운동사』 7(의열투쟁사), 독립운동사편찬위원회, 1976.

• 조범래, 「병인의용대연구」, 『한국독립운동사연구』 7, 한국독립운동사연구소,

1993.

· 최서면, 「이봉창과 김구」, 『이봉창의사와 한국독립운동』, 단국대학교 출판부, 2002.

· 최서면, 「이봉창의거 연구서설」, 『대한민국임시정부수립80주년기념논문집』, 국가보훈처, 1999.

· 최서면, 「이봉창의사 관련 자료를 찾아서」, 『이봉창의거의 진실과 왜곡』, 이봉창의사기념사업회, 2006.

· 최서면, 「이봉창의사 연구를 위한 제언」, 『이봉창의사와 한국독립운동』, 단국대학교 출판부, 2002.

· 한시준, 「이봉창의사 의거에 대한 중국 신문의 보도」, 『이봉창의거의 진실과 왜곡』, 이봉창의사기념사업회, 2006.

· 한시준, 「이봉창의사의 일왕저격의거」, 『이봉창의사와 한국독립운동』, 단국대학교 출판부, 2002.

· 호춘혜, 「이봉창의거가 중국사회에 미친 영향」, 『이봉창의사와 한국독립운동』, 단국대학교 출판부, 2002.

· 홍인근, 「'동경작안의 진상'에 대한 검토」, 『이봉창의사와 한국독립운동』, 단국대학교 출판부, 2002.

찾아보기

일왕을 겨눈 독립투사 이봉창

1판 1쇄 인쇄 2011년 12월 25일
1판 1쇄 발행 2011년 12월 30일

글쓴이   김도형
기획   독립기념관 한국독립운동사연구소
펴낸이   김능진
펴낸곳   역사공간
          서울시 마포구 서교동 463-31 플러스빌딩 5층
          전화 : 02-725-8806~7, 팩스 : 02-725-8801
등록   2003년 7월 22일 제6-510호
ISBN 978-89-90848-91-8 03900

가격 13,000원